CW00486592

© 2020 Kühling

Autor: Wilfried Kühling
Umschlaggestaltung: Wilfried Kühling
Umschlagfoto: Dieter Schütz / pixelio.de

Verlag & Druck: tredition GmbH, Halenreie 40-44, 22359 Hamburg

978-3-347-05309-0 (Paperback)
978-3-347-05310-6 (Hardcover)
978-3-347-05311-3 (e-Book)

Bibliografische Information der Deutschen Nationalbibliothek:

Die Deutsche Nationalbibliothek verzeichnet diese Publikation in der Deutschen Nationalbibliografie; detaillierte bibliografische Daten sind im Internet über http://dnb.d-nb.de abrufbar.

Wilfried Kühling

»... denn das Erste
ist vergangen.«

Die Übel dieser Zeit mit der
Johannes-Offenbarung gesehen

Inhalt

Vorwort

Die Zerrissenheit und spürbar werdende Unordnung unseres Daseins im Kleinen wie im Großen fragt nach Hoffnung und Zukunft. Kann da ein prophetisches Buch der Bibel wie die Offenbarung an Johannes Hinweise oder gar Antworten geben? Nicht zuletzt durch den Klimawandel, die Vergiftung und Störung weiter Teile unserer Umwelt oder durch den Raubbau an Rohstoffen stellt sich die Frage nach einer Perspektive für die Menschheit immer drängender. In vielfältigen Ansätzen wird meist von einer notwendigen und radikalen Umkehr im Bewusstsein und Verhalten als Rettungsvision ausgegangen, die aus der Logik bzw. dem Verstehen planetarer Grenzen (Suffizienz- oder Nachhaltigkeitsgedanke) entstehen soll. Verschiedene religiöse und spirituelle Entwürfe suchen Motive als Treiber für eine nötige Umkehr (oekom 2016). Ein neuer Bericht an den Club of Rome bemängelt (Berg 2020), dass wir uns, anstatt Symptome zu behandeln, mit den zugrunde liegenden Problemen und deren Zusammenhängen beschäftigen müssen. Wenn dort der komplette Fehlerpark aufgelistet wird, der Nachhaltigkeit heute verhindert, so steht der Mensch als Akteur im Mittelpunkt.

Dagegen sieht die biblische Offenbarung mit der Formulierung »… denn das Erste ist vergangen« eine zukünftig *neue* und *verwandelte* Welt, die erst entstehen kann, wenn das in uns wirksame Unrecht (oder Böse) als Kraft und Ursache des unangepassten Verhaltens der Menschen überwunden, ja beseitigt ist. Kann also eine »bessere« Welt ohne eine göttliche Befreiung aus menschlicher Verstrickung mit dieser Kraft nicht gelingen? Eine solche Sicht scheint für den Diskurs einer als erforderlich angesehenen großen Transformation (WBGU 2011) zunächst ungewöhnlich; geht es dort doch eher um ein anderes, lediglich *selbst* gesetztes anthropogenes Werteverständnis, eine Kultur der Achtsamkeit (aus ökologischer Verantwortung) und Teilhabe. Aus Sicht der Bibel zeigt sich jedoch nicht der Mensch allein als Regler im System, sondern es bedarf der göttlichen Heilung menschlichen Versagens und der Überwindung des Bösen. Haben wir also mit dem Bösen (wie es die Bibel bzw. die Offenbarung versteht) als Ursprung allen Übels einen möglicherweise entscheidenden Faktor bei der Analyse der Wirkmechanismen bisher vernachlässigt? Denn eine ganzheitlichere Betrachtung erlaubt in der Regel auch bessere Analysen und zielt auf verlässlichere Lösungsansätze.

Gerade die immense Bedeutung der Bibel für die Menschheitsgeschichte legt nahe, die dort im letzten Buch herausgestellte Zukunft einmal näher und im Hinblick auf die heutige Weltsituation zu betrachten, wie sie mit dem hier gesetzten Titel »… denn das Erste ist vergangen.« angedeutet ist. Die Faszination der Offenbarung des Neuen Testaments zeigt sich vor allem darin, dass dort bereits vor 2.000 Jahren ökologische (und andere) Zustände der Welt gesehen werden, die uns im Heute umgeben. Der oft mit dem Begriff »Apokalypse« bezeichnete Text erhält so eine höchst aktuelle Bedeutung.

Mit einem Verständnis von »Leben«, was die natürlichen, gesellschaftlichen, wirtschaftlichen und religiösen Aspekte einbezieht, soll deshalb der zentralen Frage nachgegangen werden: Was können die Ursachen für die zunehmende Unordnung sein und wohin zielt der Weg? Mit der Beantwortung dieser Frage erschließt sich möglicherweise ein tieferes Verständnis dieser Welt und die teilweise katastrophalen Zustände lassen sich leichter einordnen. Im Mittelpunkt der Betrachtungen steht dabei der persönlich betroffene Mensch – auch als Akteur, der das Weltgeschehen beeinflusst. Es wird versucht herauszustellen, dass die Hinwendung zum Erlöser – auch bei aller Bedrängnis dieser Zeit und schier auswegloser Perspektive – eine verheißungsvolle Zukunft verspricht.

Die fachlichen Belege über den gesellschaftlichen und Umweltzustand sind nur beispielhaft ausgewählt, um den Einfluss des in Unrecht verhafteten Menschen zu verdeutlichen. Es ließen sich noch weitaus mehr anführen, was den herausgearbeiteten Bezug jedoch nicht unbedingt vertiefen dürfte.

Die vielfältig verwendeten biblischen Zitate und Hintergründe sollen den theologischen Grundlagen entsprechen. Hierzu konnte ich auf Wolfgang Buchholz, Gemeindepfarrer in Dortmund-Wellinghofen zurückgreifen, der nicht nur vor vielen Jahren an Gesprächsabenden den ersten Anreiz für dieses Thema gelegt hat, sondern die hier getroffenen Aussagen und Einschätzungen gegengelesen hat. Ihm gebührt mein ganz besonderer Dank, da das Thema *der* oder *das Böse* selbst in der Theologie und Bibelwissenschaft schwer zu fassen und nicht abschließend geklärt ist.

Eingang

Gebet der Sioux (Zink 1999):

»Du großes Geheimnis,
    dessen Stimme ich in den Winden vernehme,
dessen Atem der ganzen Welt Leben gibt,
höre mich!
    Ich komme zu dir als eines deiner Kinder.
Ich bin klein und schwach.
Ich bedarf deiner Kraft und deiner Weisheit.
Lass mich in Schönheit leben und gib,
dass meine Augen immer
den purpurnen Sonnenuntergang schauen,
dass meine Hände alle die Geschöpfe achten,
die du gemacht hast,
und meine Ohren deine Stimme hören.
    Schenke mir Weisheit, dass ich die Lehren,
die du in jeden Baum und jeden Felsen,
jede Pflanze und jedes Tier gelegt hast, erkenne.
    Mache mich stark,
nicht, damit ich stärker bin als meine Brüder,
sondern, damit ich den Kampf in mir selbst bestehe.
    Mache mich fähig, dir in die Augen zu schauen
und mit reinen Händen vor dir zu stehen,
sodass, wenn das Leben vergeht,
wie der Sonnenuntergang verlischt,
wie der fahle Mond vergeht
und das Rascheln des Windes verklingt,
meine Seele frei und vertrauend zu dir kommt.«

1 Übersicht und Einführung

Die Jahreslosung[1] 2018 verwendet einen Vers aus der Offenbarung an Johannes, des letzten Buches im Neuen Testament der Bibel:

>»Gott spricht: Ich will dem Durstigen geben von der Quelle des lebendigen Wassers umsonst.« (Offb 21,6).

Diese inhaltsschwere Verheißung wäre bereits Anlass genug, sich mit der Offenbarung zu beschäftigen. Doch die Auswahl dieses Verses verstärkt einen Eindruck, dass eher die aufbauenden, verheißenden Aussagen dieses schwer verdaulichen Buches den Eingang in Betrachtungen, Predigten und dergleichen finden. Dagegen werden die Hintergründe und Mechanismen des Dunklen und Bösen oft ausgeblendet, das sich dort als Kraft dem lebendigen Gott entgegenstellen will und dessen Wirken und Ende in der Offenbarung breiten Raum einnimmt. Zu leicht wird heute das Gericht Gottes über die von ihm abgefallene Welt (dort als Babylon bezeichnet) übergangen, möglicherweise auch, um keine Ängste zu schüren. Aus der Religionsgeschichte früherer Jahrhunderte ist eine solche Sichtweise zutiefst verständlich und soll hier nicht in Abrede gestellt werden. Aber wenn »das Erste« vergehen wird, sollte eine Einschätzung möglich sein, inwieweit ich davon betroffen oder berührt bin. Denn es betrifft das Heute, die Welt, in der ich lebe. So lohnt es zu versuchen, diese oft verborgene, hintergründige Macht stärker offen zu legen, um ein besseres Verständnis über die Botschaft des Evangeliums insgesamt zu bekommen. Die sich dieser Botschaft entgegenstellenden Widerstände können so besser erkannt werden. Möglicherweise gelingt durch das in der Offenbarung deutlich benannte »Böse« und die beschriebene Auseinandersetzung mit dem »Guten« ein besseres Verständnis der realen Welt mit all ihren Widersprüchen. Die offene Auseinandersetzung über dieses Spannungsfeld kann also helfen, klarer zu

---

[1] Eine Jahreslosung wird als Leitvers für das Jahr von der Ökumenischen Arbeitsgemeinschaft für Bibellesen ausgewählt.

sehen und den eigenen Weg durch dieses Leben bewusster und zielgerichteter zu gehen. Oder, wie es in einer Predigt heißt:[2]

»Die Offenbarung klärt uns auf über die wirklichen Machtverhältnisse in dieser Welt:
Das Leben ist kein Ponyhof,
kein Abenteuerspielplatz,
kein Vergnügungspark.
Sondern eine Realität zwischen Gut und Böse,
zwischen Licht und Dunkel,
zwischen Himmel und Hölle,
zwischen Gott und dem Ungeheuer.«

Nun haben sich vielfältige Kommentatoren und Ausleger mit diesem Buch befasst und aus alttestamentlichen Bezügen heraus verschiedene Deutungen der bildhaften Sprache vorgenommen. Hinzu kommen noch die vielzähligen verschiedenen apokalyptischen Richtungen und Schriften aus früherer Zeit.[3] Die hier vorgenommene Betrachtung des Textes versucht, in einer davon eher unvorbelasteten Sicht einerseits und mit der individuellen Wahrnehmung aus christlicher Sicht andererseits die jüngeren Entwicklungen und heutigen Zustände in der Welt mit den Bildern und Hintergründen der Offenbarung an Johannes zusammenzubringen.

Dem kann ich kritisch gegenüberstehen, wenn ich die Auffassung vertrete, dass die Bibel in Bildern und Metaphern spricht, deren wörtliche Auslegung sich verbietet. Ich kann dem aber ebenso gut entgegnen, dass nicht nur Theologen – mit der gebotenen Interpretation der biblischen Sprache – darin einen Text sehen, der zwar von Menschen, aber durch die Inspiration Gottes geschrieben wurde. Auch stoßen die großen Fragen – wie entstand das Leben, was war vor dem Urknall etc. – an Grenzen einer allein wissenschaftlich erklärbaren Welt. Und annehmen oder darauf vertrauen, dass sich

---

[2] v. Heyden, W. (2016), Pastor der Ev.-luth. Margarethengemeinde Gehrden. [https://predigtpreis.de/predigtdatenbank/predigt/article/predigt-ueber-offenbarung-13-141-3.html; 20.01.2019].

[3] Böttrich, C. (2014) spricht im Wissenschaftlichen Bibellexikon von weit über 100 bis in das hohe Mittelalter hinein entstandene mehr oder weniger umfangreiche christliche Apokalypsen.

hinter den »Dingen« das »Göttliche« verbirgt. Was jedoch mit hohen Wahrscheinlichkeiten belegt ist, ist, dass wir uns heute an einem Scheidepunkt befinden. Zum ersten Mal in ihrer Geschichte verfügt die Menschheit über die Macht, sich selbst und den Planeten zu zerstören. Wäre es also so abwegig anzunehmen, dass die Apokalypse nun wirklich bevorstehen könnte?

Jedenfalls ergeben sich aus einer solchen Sichtweise möglicherweise interessante und neue Ansatzpunkte zum Verständnis einer Welt, wie sie sich uns heute zeigt. Zwar vertreten Theologen die Auffassung, dass es zu einem grundsätzlich unsachgemäßen Umgang mit Apokalypsen zählt, wenn ihr Material auf jeweils konkrete (räumliche oder zeitliche) Situationen bezogen wird (Martin 1984, S. 119). Aber wenn ich zulasse, dass die Bibel als das Wort Gottes eine Anleitung für die Menschen enthält, dann wird es nicht nur in verschlüsselten Bildern an die Hand gegeben worden sein, die sich ohne tieferes oder hintergründiges (theologisches) Wissen nicht erklären lassen. Einer aktuellen Interpretation der verwobenen Bilder in die heutige Zeit und der Sicht auf diese alten Bilder aus heutiger Perspektive dürfte auch deshalb nichts entgegenstehen, da Auslegung und Interpretation zum Umgang mit der Schrift gehören – so wie es sonntäglich auch von den Kanzeln aus geschieht. Was natürlich auch die vielfältigen Verweise, Bezüge und begrifflichen Hintergründe der gesamten Schrift zu berücksichtigen hat.

An dieser Stelle soll bereits deutlich gesagt werden, dass es nicht darum geht, in düsteren Bildern auszumalen, was uns als ökumenisch-christliche Gemeinde an »Bedrängnissen« noch bevorstehen könnte, wie es die Offenbarung hier und da anspricht. Vielmehr soll deutlich werden, dass aus den Interpretationen und Vergleichen Hoffnung entsteht, dass das Böse sich letztlich erfolglos aufbäumt und ein für alle Mal besiegt worden ist bzw. wird. Dies kommt mit dem gewählten Titel »… und das Erste ist vergangen.« zum Ausdruck. Es erscheint als Ziel der Geschichte Gottes mit den Menschen das Bild der Gottesstadt, in der die ursprüngliche, paradiesische Schöpfung Gottes neu und abschließend etabliert wird. Darin »wohnt« Gott selbst in direkter, keiner Vermittlung mehr bedürfender Weise unter seinem Volk (Böttrich 2014).

Wo stehen wir heute? Unsere Ausgangssituation

Verfolgt man die globalen wie regionalen Entwicklungen der letzten Jahre und Jahrzehnte, so gewinnt man den Eindruck, dass einige beherrschende Strukturen und Mechanismen des Zusammenlebens immer stärker auf Entfremdung, Entzweiung, Vereinzelung, Zerrissenheit, Konfrontation, Hetze und dergleichen hinauslaufen. Auch das Wirtschaften wird zunehmend aggressiver und härter. Es läuft auf Ausbeutung und Verschärfung von Gegensätzen bzw. Ungerechtigkeit hinaus. Gleichzeitig beeinflusst die Gewinnmaximierung mit allen Mitteln das individuelle Verhalten. Folgen sind u. a. die Zerstörung der natürlichen Lebensgrundlagen und die Ausbeutung von Ressourcen ohne Rücksicht auf künftige Generationen. Die Schere zwischen den Wenigen, die immer mehr Reichtum auf sich vereinen und der zunehmenden Menge derer, die kaum genug zum Leben haben, klafft immer weiter auseinander. Damit einher gehen – um nur ein exemplarisches Beispiel zu nennen – Anreicherungen bzw. Belastungen der Ökosysteme mit Fremdstoffen und Strahlen, die sich aufgrund ihrer Menge oder wegen ihrer Langlebigkeit nicht genügend abbauen. Vorhandene sowie zukünftige Schäden sind so unvermeidlich. Das komplexe und facettenreiche Thema Klimawandel steht ebenfalls als ein Beispiel für viele andere, zerstörerische Entwicklungen, die eine lebenswerte Zukunft auf dieser Erde sehr grundsätzlich in Frage stellen.

Viele der Prozesse verlaufen dabei schleichend, über längere Zeiträume oder entwickeln in weit entfernten Gebieten und Erdteilen ihre schädliche Wirkung. Gerade die zeitlich und räumlich entfernten Risiken oder Gefahren erschweren deren Wahrnehmung (Abbildung 1). Heute notwendige Maßnahmen bleiben daher meist aus. Hinzu kommt, dass Teilnehmer eines längerfristigen, sich nur langsam verändernden Prozesses selten die Fähigkeit besitzen, sich aus den sie umgebenden Umständen heraus zu erheben. So können Fehlentwicklungen kaum rechtzeitig erkannt und Ziele oder Wege korrigiert werden, wenn man nicht innehält und einen Überblick gewinnt über das, was da in einem größeren Zusammenhang läuft.

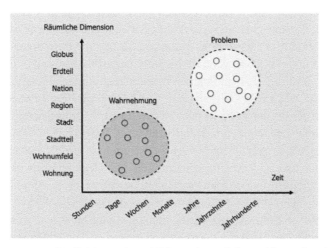

Abbildung 1: Unterschiedlich intensive zeitliche und räumliche Problemwahrnehmung und -bearbeitung (eigene Darstellung).

Solche nur angedeuteten Prozesse lassen sich in der physischen Welt schlüssig erklären. Aus der Systemtheorie und aus wissenschaftlichen Erklärungssätzen (wie dem zweiten Hauptsatz der Thermodynamik) kennen wir Begriffe wie Entwertung, Dissipation, Unordnung. Danach verläuft der Prozess in einem geschlossenen System von einem geordneten Ausgangszustand unumkehrbar hin zu zunehmender Unordnung (Entropie). Auch die eingangs angedeuteten Lebens- und Verhaltensweisen des Menschen mit seiner Sucht zur Daseinssteigerung (was letztlich mit der Nutzung von Materie und Energie einhergeht) führt letztlich Diffusion, Zerstreuung und Unordnung herbei. Natürlich darf man nicht außer Acht lassen, dass es starke Kräfte gibt, die das Gegenteil bewirken. Beispiele für ordnende Prozesse sind Zusammenhalt, Gemeinschaft, Hilfe. Mit der Entwicklung moderner Technik wie erneuerbarer Energien (zum Beispiel Solartechnik) und der Öffnung von Systemgrenzen kann ebenfalls eine deutliche Abflachung der Entropie in unserer Lebensumwelt gelingen.

Doch zusammenfassend bleibt der Eindruck, dass menschliches Tun zwangsläufig zu dieser angesprochenen Unordnung führt. Dabei stellt sich die wichtige und hier im Vordergrund stehende Frage, ob dies eben *zwangs-*

läufige Mechanismen sind (also Gesetzmäßigkeiten, wie beispielsweise bei den thermodynamischen Gesetzen) und ob diese »einfach so« ablaufen müssen. Oder sind hier reale Kräfte dahinter wirksam, die auch erkennbar bzw. benennbar und vor allem veränderbar oder beeinflussbar sind? Etwas deutlicher mit der Frage ausgedrückt: ist hier die zerstörerische Kraft des Bösen am Werk – wie es die Offenbarung beschreibt mit dem »Drachen«, der »Schlange aus uralter Zeit, die auch ›Teufel‹ oder ›Satan‹ genannt wird. Sie verführt die ganze Welt zum Abfall von Gott« (Offb 12,7–9).[4] Dann gibt es auch einen klaren Akteur bzw. Verursacher und aus der Beobachtung können möglicherweise Verhaltensänderungen oder Gegenkräfte wirksam werden bzw. die Einflüsse können gezielter abgewehrt bzw. gemindert werden. Denn als ordnungsbildende Gegenkraft darf das göttliche Wirken durch Jesus Christus gesehen werden. Durch Seine Hingabe am Kreuz werden Menschen von der Schuld befreit – sofern sie diese Gnade annehmen – und setzen ein Tun frei, welches den oben beschriebenen, ordnungsbildenden natürlichen Prozessen gleicht. Was natürlich nicht ausschließt, dass auch Menschen ohne die erlebte Annahme solcher Gnade bereit sind, Gutes zu tun und so zu leben.

Im herkömmlichen wissenschaftlichen Sinne wird es kaum möglich sein, diese Kräfte auch zu beweisen; wir bewegen uns im Feld des (christlichen) Glaubens, in einer anderen, geistlichen Dimension. Es geht mir hier auch nicht allein darum, die reale Zerstörung unserer Lebenswelt mit den Bildern und »Voraussagen« aus der Offenbarung zusammenzubringen. Es geht auch darum, aufzuzeigen, dass die Veränderungen und Verluste unserer Lebensumwelt auch mit einer Abkehr von der biblischen Botschaft einhergehen, die uns Erlösung aus der schuldhaften Verstrickung mit dem Unrecht verheißt. Denn mit dem Verlust christlichen Glaubens und der Abkehr von Gott gehen Werte verloren. Werte und Verantwortlichkeiten, die meiner Überzeugung nach verhindern (oder zumindest deutlich begrenzen) würden, mit der Erde, mit unseren Mitgeschöpfen, ja mit anderen Menschen so umzugehen wie wir das gegenwärtig tun. Wenn Menschen sich der

---

[4] Die verschiedenen Bezeichnungen sind hier nicht weiter differenziert. Die Begriffe »Satan«, »Verführer« oder der oder das »Böse« werden nachfolgend synonym verwendet.

Erneuerung durch Christus und dem von ihm gelebten Verhalten verschließen, kann es zu Entwicklungen führen, wie sie die Offenbarung sieht und die wir uns nicht wünschen können. Das ist leicht einsichtig, wenn ich von der Tierquälerei spreche, um unseren enormen Fleischkonsum zu ermöglichen; das mag überzogen klingen, wenn ich auch die moderne Ablenkungsindustrie einbeziehe. Aber letztlich ist es meist diese mangelnde Wahrnehmung der verführerischen Kräfte und die mangelnde Annahme der Erneuerung durch Christus, die zu den heutigen Problemen, ja bisweilen Exzessen, führt und geführt hat.

Die Zerrissenheit und spürbar werdende Unordnung unseres Daseins im Kleinen wie im Großen fragt jedenfalls immer drängender nach Hoffnung und Perspektiven der zukünftigen Entwicklung für die Menschheit. In vielen gesellschaftlichen Bewegungen wird meist von einer notwendigen und radikalen Umkehr hin zu einem geänderten Bewusstsein und entsprechendem Verhalten als Rettungsvision ausgegangen, was in der Logik und Vernunft bzw. der Anerkennung planetarer Grenzen (Nachhaltigkeits- oder Suffizienzansatz) gründet. Dagegen berichtet (nicht nur) die Offenbarung an Johannes in der Bibel von einer zukünftig neuen oder verwandelten Welt, die erst aus der Beseitigung des Bösen als Ursache des zerstörerischen Verhaltens der Menschen resultiert. Dabei stellt sich die Frage, ob die Verwandlung in einem zentralen Akt noch geschehen wird (in Zukunft also, wie es in den Bildern der Offenbarung beschrieben wird) oder sich aber jederzeit im Menschen vollziehen kann[5]. Insbesondere aus dem Neuen Testament heraus kann der Schluss gezogen werden, dass aus der Heilszusage des gekreuzigten Christus' ein neues »verwandeltes« Leben im Hier und Jetzt entstehen kann, welches grundlegende und wirksame Änderungen im Verhalten und Umgang mit Mensch und Umwelt bewirken dürfte. Damit zeigt sich ein vom Grunde her anderer Gestaltungsansatz. Denn ich persönlich muss mich aufgrund der mir erwiesenen, von der Größe her kaum vorstellbaren Zuwendung und Liebe durch Christus bei allem, was ich denke,

---

[5] Dies wird theologisch unter dem dogmatischen Begriff »Eschatologie« behandelt, wo es um die präsentische (die End- oder Heilszeit ist bereits angebrochen) und futurische (die End- oder Heilszeit wird erst in der Zukunft anbrechen) eschatologische Vorstellungen geht (Wetz 2017).

sage oder tue fragen, ob ich diese Liebe angemessen und ehrfürchtig erwidere (beispielsweise mit dem Gebot der Nächstenliebe). Zu Ende gedacht beinhaltet dies die Liebe zu allen Mitgeschöpfen und auch zu den natürlichen Lebensgrundlagen.

Besonders in der Offenbarung wird die Auseinandersetzung der einander widerstreitenden Kräfte von Recht und Unrecht deutlich und kann bei der eigenen Einordnung helfen. Schaue ich hinter manche Worte und Bilder, dann scheint eine Fülle von Aussagen und Hinweisen durch, die möglicherweise helfen, den Zustand und die Entwicklungen auf dem Globus im Hinblick auf mein Dasein einzuordnen. Es kann also hilfreich sein, dieses prophetische Buch näher zu betrachten.

Dabei sollen die verschiedenen, prophezeiten Ereignisse hier nicht alle vollständig und im Detail betrachtet werden, sondern es wird die mehr oder weniger wahrnehmbare Einflussnahme des Bösen auf unser Dasein heute an Beispielen ausgewählt. Die angegebenen fachlichen Belege erheben nicht immer den letzten Anspruch an wissenschaftliche Exaktheit, wenn manche Quellen beispielsweise auch von nicht offiziellen Stellen oder aus nicht reviewten Zeitschriften verwendet werden. Dies dürfte jedoch den generellen Gehalt einer getroffenen Aussage nicht schmälern. Es soll lediglich darum gehen, die potenziellen Dimensionen mancher Entwicklungen aufzuzeigen.

Recht und Unrecht als beherrschende Daseinselemente

Sehr schnell entdeckt man, dass sich das duale Prinzip vieler Erscheinungsformen in dieser Welt (wie: Tag – Nacht, heiß – kalt) nicht nur bei materiellen Zuständen bzw. Prozessen, sondern auch beim gesellschaftlichen Leben und Wirtschaften findet: Als beherrschendes Daseinselement zeigt sich auch hier eine Dualität in der Unterscheidung zwischen Recht und Unrecht, wie sie die Schriften des Neuen Testaments vornimmt und worauf im nachfolgenden Kapitel eingegangen wird. Man kann auch vereinfachend der zentralen Erkenntnis folgen (Lewis 2019), wonach die christliche Botschaft schlicht keinen Sinn ergibt, wenn nicht das Gute durch Gott angelegt worden wäre und uns Übertretungen zur Umkehr und Vergebung mahnen.

Zunächst sollen jedoch einige grundlegende Betrachtungen angestellt werden. Ich gehe davon aus, dass jeder Mensch mehr oder weniger offensichtlich nach einem sinnerfüllten Leben strebt. Dies äußert sich in den verschieden wahrgenommenen, bewussten oder verstandenen Verhaltensmustern. Auf der Suche nach dieser Sinnerfüllung bleibt manches verborgen oder unbewusst, da »Leben« schwer zu erklären ist. Da gibt es Wahrnehmungen oder Erfahrungen, bei denen man zugestehen muss, dass sich der menschlichen Erkenntnisfähigkeit einiges verschließt. Frage ich hier weiter, wird klar, dass ein Leben oder Dasein mehr beinhaltet als die Summe der menschlichen Sinne. Dementsprechend müsste sich auch die Suche nach einem sinnerfüllten Leben auf dieses »Mehr« richten. Die Begrenztheit menschlichen Erkenntnisvermögens drückte Immanuel Kant etwa so aus, dass die reine Vernunft unzulänglich sei für eine objektive Erkenntnis. Die Erkenntnis wiederum sei nur von den Erscheinungen, nicht von den »Dingen an sich« möglich (Unerkennbarkeit des »Ding an sich«). Auf der Suche nach tieferen Ursachen für die eingangs angedeuteten Krisenerscheinungen wären danach neben der Vernunft auch der Geist oder die Seele zu berücksichtigen, womit Begriffe wie Schöpfung, Gottheit o. ä. einzubeziehen wären.

Beim physikalisch begründeten Bauprinzip dieser Welt gilt das Zusammenwirken der Komponenten Energie, Materie und Information. Nimmt man nun an, dass außerhalb der materiellen Welt in den Lebensprozessen bzw. in der lebendigen Welt offensichtlich auch geistige Kräfte (Information) wirksam sind, dann wäre die grundsätzliche Frage zu diesen Beobachtungen, welche Kräfte hinter den entropischen, zerstörerischen Prozessen der Unordnung auf der einen Seite und den dagegen haltenden, ordnungsbildenden Prozessen auf der anderen Seite stecken. Kann man diese Kräfte, wie sie die Bibel kennt, erahnen, lokalisieren, durchschauen? Mein Anliegen ist daher, den Blick auf diese Kräfte zu richten und durch Interpretationen der Offenbarung an Johannes zu schärfen. Zunächst können wir an den Gesetzmäßigkeiten und der Ordnung in der Natur erkennen, dass hier ein Schöpfer wirkt. Denn die Frage ist, woher kommen die Naturgesetze, nach denen sich die Natur verhält? Wenn ich das Bild eines Malers betrachte, dann ist das Vorhandensein dieses Bildes ein Hinweis auf den Maler bzw. sind die gefundenen Ordnungen und Gesetzmäßigkeiten in der Natur ein

Hinweis auf die Existenz eines Schöpfers (Schimmel o. J.). Wie es bereits bei Jesaja heißt:

>»Sie bilden sich ein, sie könnten die Rollen vertauschen! Der Ton kann doch nicht so tun, als wäre er der Töpfer! Oder kann das Werk von seinem Schöpfer sagen: ›Er hat mich nicht gemacht‹? Kann das Tongefäß vom Töpfer sagen: ›Er versteht nichts davon‹?« (Jes 29,16; Gute Nachricht Bibel)

Die andere große Frage ist die nach einem möglichen Bewertungssystem. Wie lässt sich einschätzen, was nun »Recht« und »Unrecht« bzw. »Gut« und was »Böse« ist? Levis (2019) begründet die dem Menschen mögliche Unterscheidung von Recht und Unrecht als ein generelles Gesetz der menschlichen Natur, das nur aus einem übergeordneten Zusammenhang heraus begründbar ist. Daher kommt man auf der Suche nach den Orten bzw. Quellen des Guten und Bösen nicht um die Auseinandersetzung mit dem Wort Gottes, der Bibel, herum. Anhand meiner fast 40-jährigen wissenschaftlichen Lehr- und Forschungstätigkeit zu Fragen der Umwelt- und Lebensraumzerstörung einerseits und vor meiner christlichen Überzeugung vom Wort Gottes andererseits will ich daher versuchen, den Zustand unserer Welt in Worten und Bildern nach meiner Wahrnehmung einzuordnen. Ich möchte Hinweise zur *Ordnung* und *Unordnung* finden. Im Rahmen eines ganzheitlichen Verständnisses von Leben (Körper, Geist und Seele) werden dabei Bezüge zu den gesellschaftlichen, technischen und wirtschaftlichen Verhältnissen hergestellt.

Etwas provokant in den Vordergrund gestellt werden die in der biblischen Offenbarung besonders deutlich hervortretenden Aussagen über die konkrete Kraft des Bösen, über die sich meines Erachtens erst ein ganzheitliches Verständnis unserer Welt und auch der Bibel ergibt. Versucht man, die verführerischen bzw. satanischen Kräfte und Mechanismen unserer Zeit wahrzunehmen, kann Wachsamkeit vor diesen Kräften entstehen und ein klareres Verständnis der biblischen Botschaft gelingen. Und es gelingt möglicherweise ein gezielterer Umgang damit; auch Lösungsansätze in Richtung eines zu ändernden Verhaltens können entstehen.

Das Menschheitswissen zeigt uns, dass ein Leben in einem Zusammenhang mit Religion, die einen übergeordneten Rahmen geben kann, zu wichtigen Ordnungen verhilft. Religion war und ist notwendig auch für das Werteverhalten des Menschen. Diese Traditionen sind bei uns durch die neueren Entwicklungen oft abgelöst, die Entscheidungen heute haben sich meist von einem übergeordneten Bewertungsrahmen entfernt. Da Religion von einem »gelungenen Leben« ausgeht, will ich mit einem Beispiel aus der Bibel auf die Suche nach Erklärungen gehen: Das Handeln bzw. Verhalten des Menschen lässt sich meines Erachtens ohne den sogenannten Sündenfall nicht ausreichend erklären.

Der Mensch wird zugleich Subjekt und Objekt des Bösen, er kann dem nicht entrinnen. Daraus resultiert ein »unerlöster, unerfüllter Zustand«, es entsteht der »mit sich selbst entzweite Mensch« (mehr dazu in Kapitel 2). Die meisten Menschen erkennen oder erahnen (mehr oder weniger bewusst) diesen unerlösten Zustand und suchen oft nach scheinbarer oder falscher Erlösung. Eine wichtige Ursache für das Verhalten sehr vieler Menschen in unserer Gesellschaft scheint mir darin zu liegen, dass diese sich dabei von echter Erlösung abkoppeln: durch Suche nach Glücksgefühl, Daseinssteigerung, nach Mehr, Höher, Weiter, Besser, Schneller... Die Suche nach solcher Erfüllung schafft auch Erwartungen an Dinge, Partner und anderes, die diese nicht erfüllen können; sie sind dann Ursachen für neue Probleme. Solche Suche wird zudem selten hinterfragt und so entsteht eine »falsche« Sorge um das Leben; die Erde wird aus Raffgier geplündert, aus Sorge um Wohlstands- und Machtsicherung. Dabei dürfte zusätzlich eine Flucht vor der offenen Auseinandersetzung um den Sinn des Lebens, die Angst vor der Leere oder der »Wahrheit des Lebens«, eine wichtige Rolle spielen.

Zeigen sich Perspektiven bzw. Chancen?

Durchweg wird heute bei erkannten Problemen jedweder Art lediglich an den Symptomen von Fehlentwicklungen herumkuriert. So werden viel Kraft, Zeit und Kapital vergeudet. Und immer wieder wird man feststellen, dass eine grundlegende Kurskorrektur ausbleibt, ja sogar oft nicht einmal der Kurs erkennbar wird.

Man kann ein Bild von Albert Schweitzer gebrauchen: Unsere Gesellschaft gleicht einem havarierten Schiff, das stetig die Fahrt beschleunigt, dabei aber einen defekten Steuerapparat hat und der Katastrophe zutreibt. Dieser Gesellschaft geht es lediglich um Schnelligkeit, um Quantität und nicht um den Kurs, um Qualität – sie begibt sich in einen »Tätigkeitstaumel«, ohne über den Sinn der menschlichen Existenz nachzudenken. Die Geschwindigkeit einer Fortbewegung und die eingeschlagene Richtung – um bei diesem Bild zu bleiben – stehen aber in einem sehr engen Zusammenhang und können oder sollten nicht losgelöst voneinander betrachtet werden. Eine Frage nach den Ursachen und Hintergründen, die auch tiefer liegende Wurzeln des Übels zunächst offen zu legen versucht, erscheint mir der erste notwendige Schritt zu sein. Darauf aufbauend kann dann über geeignete Strategien zur Geschwindigkeitsbegrenzung und Kurskorrektur nachgedacht werden. Indem man etwa überlegt, an welchen entscheidenden Hebeln anzusetzen ist, um durchgreifendere Erfolge im Hinblick auf einen behutsamen Umgang mit den Lebensgrundlagen unserer Erde zu erzielen oder wie das Zusammenleben harmonischer wird.

Da Leben nicht in allen Teilen als determiniert betrachtet werden kann, und wir als Individuen verantwortlich in dieser Schöpfung leben, kann es am Ende dieser Schöpfung (auf dieser Erde) ein für den Menschen positives oder auch negatives Ende geben. Gelingt es dem Menschen, einen echten Zugang zur Erlösung, zur Ewigkeit zu finden, dürften sich mehr oder weniger automatisch auch die Werte verlagern. Ein erfüllter oder erlöster Mensch lebt anders in dieser Gegenwart, er lebt mit anderen Werten, er ordnet Wichtiges und weniger Wichtiges anders ein. Eine Wende wird so möglich.

In diesem Sinne sollen Erklärungsversuche und Handlungsansätze nicht aus einer abgehobenen und theoretischen Warte, neutral-allgemein, mit Abstand betrachtend erfolgen. Wir sollten uns vielmehr als das persönlich erfahrende Subjekt und Objekt offen in das Geschehen stellen. Wir sollten uns fragen: Wie verhalten wir uns selbst in diesen Fragen? Wie gehen wir persönlich mit den Problemen um? Wie gehen wir persönlich mit den Niederlagen um? Woher schöpfen wir die Kraft? Welche Lebensform streben wir persönlich an?

Erklärungsversuche, die dabei nicht von der Ganzheit von Leib, Geist und Seele des Menschen als Basis einer Betrachtung ausgehen, dürften allerdings kaum zu den oft verborgenen Ursachen des menschlichen (Fehl)Verhaltens führen: Verstand und Gefühl, Bewusstsein und Unbewusstsein, Geistigkeit und Sinnlichkeit dürfen nicht voneinander abgespalten werden. Diese Ganzheit geht im neuzeitlichen Denken der immer sektoraler differenzierenden Betrachtungen oft verloren.

Es muss ein Zusammenhang gesehen werden zwischen menschlicher Gerechtigkeit und Erneuerung der Erde einerseits sowie zwischen menschlicher Ungerechtigkeit und Umweltverschmutzung andererseits. Wenn der Mensch dem Menschen gleichgültig wird, dann wird auch die Welt dem Menschen gleichgültig. Es geht meines Erachtens um die Achtung, Ehrfurcht und Gerechtigkeit der Menschen untereinander als Grundlage eines neuen Umgangs auch mit der uns umgebenden materiellen Welt, ja der Schöpfung insgesamt. Was aber in vielen Einzelfällen zwar Möglichkeiten eröffnen kann – eine allumfassende, generelle Lösung wird es nach Lesart der Offenbarung erst mit der Beseitigung des Bösen geben.[6]

Leider werden immer seltener Fragen in dieser Richtung gestellt, es ist unbequem, sich damit auseinanderzusetzen. Zu leicht tappe ich selbst in die Falle und stelle fest, dass ich an manchen unschönen Prozessen beteiligt bin und vielleicht so der Kritik Anderer ausgesetzt bin. Eine Auseinandersetzung mit den Kräften des Guten und Bösen erfordert auch, seine eigene Maske einmal abzusetzen und zu versuchen, möglichst ganzheitlich alle Wahrnehmungen oder Erscheinungen an sich heranzulassen. Vor allen Dingen sollte ein moralischer Zeigefinger dabei unterbleiben.

Ich habe daher persönliche Erklärungsversuche auf der Grundlage eigener Kenntnisse bzw. Erfahrungen angestellt. Da sich tieferliegende Wurzeln zwangsläufig oft verbergen und schwierig offen zu legen sind, können zum Einstieg allenfalls einige Stränge aufgezeigt werden, auf allzu präzise Verästelungen muss verzichtet werden. Wegen der Vielzahl philosophisch-ethischer oder auch naturwissenschaftlicher Deutungen zum Dasein des Menschen muss auch der vollständige Versuch einer Erklärung in der einen oder

---

[6] Ohne hier nach präsentischer oder futurischer Eschatologie zu fragen. Siehe vorige Fußnote.

anderen Richtung unterbleiben. Die eigenen Kenntnisse und Erfahrungen sowie das persönliche Erleben einer realen Beziehung zum lebendigen Gott erlaubt nur die hier vorliegende Form.

Bei all den Schreckensszenarien der Offenbarung soll vor allem das Ziel nicht aus den Augen verloren werden, dass durch diese Schrift auch Mut ausgeht, mit den Bedrohungen umzugehen und dem Widersacher zu begegnen. Denn nicht das Grauen und die Gewalt behalten das letzte Wort, sondern das Heil im neuen Paradies und die Gerechtigkeit, wie es die eingangs zitierte Jahreslosung für das Jahr 2018 benennt. In der folgenden Struktur will ich mich den Fragestellungen widmen:

- In den ersten beiden Kapiteln werden die Grundlagen und Ursachen der Entzweiung Gott – Mensch umrissen, da dies der Ausgangspunkt ist für die Gott gewollte und notwendige Wieder-Zusammenführung bzw. Heilung, wie sie in der Offenbarung angelegt ist.

- Kapitel 3 und 4 führen in die Grundzüge der Offenbarung ein und wollen ein generelles Verständnis über die heute real zu beobachtenden Erscheinungen im gesellschaftlichen und natürlichen Umfeld im Kontext der Prophezeiungen der Offenbarung erreichen.

- Die Kapitel 5 bis 8 beschreiben die in der Offenbarung so gesehenen zentralen Ereignisse und vergleichen sie mit Beobachtungen, wissenschaftlichen Erkenntnissen und Meldungen über heutige Zustände in unserer realen Welt. An ausgewählten Beispielen wird eine Interpretation darüber versucht, wo sich eine konkrete Kraft hinter den Geschehnissen und Entwicklungen zeigen könnte.

- Die Kapitel 9 bis 11 zeigen Gottes Umgang mit der verirrten bzw. fehlgeleiteten Welt und die Verheißung einer neuen Welt.

- Das Kapitel 12 schließlich versucht, einige generelle Schlussfolgerungen für das persönliche Leben zu ziehen.

Die biblischen Zitate stammen aus der BasisBibel oder der Lutherbibel.

2 Zur Erklärung des Bösen

Es gibt eine Wahrheit, die tiefer reicht als die Wahrheit der Wissenschaft, auf der unser industrie- und technikgeprägtes Zeitalter (Anthropozän) beruht. Der heutige Wissenschaftsbegriff ist durch den Mangel gekennzeichnet, dass bloße Erfahrungen, Empfindungen und andere, durchaus reale Bestandteile unseres menschlichen Lebens außen vor bleiben. Vor allem wird das »Wesen des Menschen, das tiefer wurzelt als die Rationalität der Neuzeit«[7] nicht einbezogen. So ist das menschliche Versagen und die Frage nach dem Ursprung des Bösen mit dem philosophischen Problem der *Theodizee*[8] verbunden: wie ist das von Gott zugelassene Unrecht mit seiner Gerechtigkeit und Allgüte vereinbar? Die Vielzahl von Erklärungen aus unterschiedlichen Richtungen belegen, dass es wohl keine eindeutigen Schlussfolgerungen geben kann. Eigentlich können wir nicht erklären, wieso der oder das Böse in Gottes guter Schöpfung Raum hat. In der kirchlichen Theologie wird lediglich geklärt, dass es keinen bösen »Gegengott« geben kann, weil sonst eben Gott nicht Gott wäre (Weber 1977, S. 540) – Gott damit die eine umfassende Wirklichkeit der Welt ist.

Deshalb soll von der offensichtlichen Tatsache ausgegangen werden, dass menschliches Erkenntnisvermögen begrenzt ist (siehe die eingangs getroffenen Aussagen zu Kant) und an dieser Stelle keine umfassende Auseinandersetzung über die Herkunft des Guten und Bösen, deren Ursachen, Zusammenspiel und anderes geführt werden. Nachfolgend lediglich der Versuch einer Klärung.

Unter »Unrecht« bzw. dem »Bösen« kann man alles verstehen, was den göttlichen Geboten[9] widerspricht und diese verletzt. Es zeigt sich als Kraft, die moralisch falsches Handeln antreibt.

---

[7] Carl Friedrich von Weizsäcker in einem Vortrag. [http://www.elefantastisch.de/studium.htm; 20.01.2019].

[8] Siehe die Allgemeine Ethik als philosophische Disziplin. Der hier anzusprechende Begriff »Theodizee« wurde erstmals vom Philosophen Gottfried Wilhelm Leibniz in seinem 1710 publizierten Buch »Über die Theodizee – Betrachtung der Güte Gottes, der Freiheit des Menschen und der Ursache des Bösen« publiziert.

[9] Siehe insbesondere 2. Buch Mose 20 bzw. 5. Buch Mose 5 und die Bergpredigt bei Matthäus 5,1–7,29.

Warum Menschen Unrechtes tun, ist – wie bereits angedeutet – auch theologisch nicht ganz einfach zu erklären. Die Klärung der Rolle des Bösen in unserer Welt steht also vor dem Problem, dass auf der einen Seite von einem allmächtigen und allgütigen Gott ausgegangen werden soll – auf der anderen Seite steht die Feststellung, dass es Übel in der Welt gibt. Von einem christlichen Verständnis ausgehend, hat Gott das Böse nicht gewollt; es resultiert vielmehr aus der bloßen Möglichkeit, bzw. aus der Fehlbarkeit willensfreier Geschöpfe. Angelehnt an Augustinus soll ethisch Böses als *Abkehr von Gott* verstanden werden, der Mensch will sich als nicht von Gott herkommend und auf ihn hingeordnet verstehen und setzt sich selbst absolut. Er will Gott gleich sein, von ihm nicht abhängig sein, selbstbestimmt sein. Diese Abkehr führt quasi zu einem vom Menschen selbst zwischen Gott und ihm getriebenen Keil, der zu einer Trennung oder Unterbrechung der ursprünglichen Beziehung Gott – Mensch führt. Diese Trennung bedarf der Wiederherstellung oder Heilung. Mehr noch: es handelt sich um einen Widerstreit, den Gott in Jesus Christus letztlich gewinnt. Auch im Neuen Testament tritt der Satan deutlich als Versucher auf, der Jesus von seinem göttlichen Auftrag abbringen will (Mt 4,1–11; Lk 4,1–13).

In gewisser Weise kann man dies als ein großes Geheimnis der Menschheit ansehen. Der Mensch ist in der Schöpfung das einzige Wesen, das sich hinwegsetzt über die ihn umgreifende Ordnung. So lässt er auch den Gehorsam gegen den Schöpfer hinter sich und hört auf, sich als Geschöpf zu verstehen. Er will selbst sein wie der Schöpfer. Das Weltbild hat sich gewandelt: der Mensch wurde oft Maß und Ziel aller Dinge, wurde Mittelpunkt der Schöpfung – alles andere verkam zu »Umwelt«, zum Material oft grenzenloser menschlicher Bedürfnisse und erhielt lediglich Nutzwert.

Vor diesem Hintergrund kann die Offenbarung an Johannes hinsichtlich der aktuellen und realen Entwicklung eingeordnet werden. Die bloße Möglichkeit des Bösen, auch im Sinne eines gegen die Schöpfung gerichteten Tuns, wird sichtbar als konkret wirksame, reale Macht bzw. Kraft. Die biblische Schlange des Sündenfalls steht als *das* Bild für das Böse in einer an sich guten Schöpfung und gilt als ein unverzichtbarer Baustein der Heilsgeschichte. Der Prophet Jesaja schildert dies in Kapitel 14 als den Sturz eines großen Engelfürsten, bei Luther mit »schöner Morgenstern« bezeichnet. Die lateinische Übersetzung verwendet den Namen *Luzifer*; im christlichen Sprachgebrauch ein Synonym für den Teufel. Nach der Prophezeiung Hesekiels ist dies ein prächtiger, leuchtender Engel, der sich empört und zum Himmel hinaufsteigen will, hoch über die Sterne Gottes seinen Thron erheben, sich gleichmachen will dem Höchsten (Jes 14,13f). Dieser Hochmut, diese Selbsterhöhung führte zum Sturz und zur Vertreibung aus dem Himmel, da »Unrecht an dir gefunden wurde« (Hes 28,12–15).

Wie es bei Johannes als »Fürst dieser Welt« (Joh 12,31) oder beim Apostel Paulus sogar als »Gott dieser Welt« (2. Kor 4,4) bezeichnet wird, macht die Offenbarung konkret, dass der Satan nun seine Macht auf der Erde ausübt, denn er »wurde auf die Erde geworfen«:

> »Und es wurde herausgeworfen der große Drache, die alte Schlange, die da heißt: Teufel und Satan, der die ganze Welt verführt, und er wurde auf die Erde geworfen, und seine Engel wurden mit ihm dahin geworfen.« (Offb 12,9).

Allzu selten wird weder die Frage gestellt noch beantwortet, inwieweit diese Welt gegenwärtig diesem Bösen »ausgeliefert« ist bzw. wie ein Umgehen damit gelingen kann. Paulus spricht im Brief an die Galater von »dieser gegenwärtigen, bösen Welt« (Gal 1,4) und Johannes beklagt in seinem 1. Brief, dass die ganze Welt »im Argen liegt« (1. Joh 5,19). Wenn ich aus diesem Blickwinkel heute die täglichen Nachrichten höre und versuche, solche Hintergründe zu erkennen, werde ich meist fündig. Ziel dieses Bösen ist es insbesondere, dass Menschen sich selbst überschätzen und es Gott gleichtun wollen (siehe das erste Beispiel in Kap. 3). Kritisch zu hinterfragen ist auch das zunehmende sich-mit-sich-selbst-beschäftigen bzw. an sich selbst glauben bis hin zum sich-im-Mittelpunkt-der-Welt sehen, und Gott so überflüssig wird. Um hier nicht missverstanden zu werden: ein gesundes, vor dem Schöpfer verantwortetes Selbstbewusstsein kann sinnvoll und oft hilfreich sowie ein ganz-bei-sich-sein wichtig für unser inneres Gleichgewicht sein.

Es existieren mittlerweile jedoch Formen der Ablenkung und Selbstorientierung, bei denen man sich fragen kann, ob hier nicht bereits Grenzen überschritten worden sind. Wenn die Selbstinszenierung (wie z. B. bei manchen Influencern) im Vordergrund steht oder jede Minute für Ablenkung verwendet wird, ist eine tiefe Wahrnehmung von Umgebung, menschliches Miteinander oder das Zulassen von weiterführenden Gedanken kaum noch möglich. Es mag überzogen klingen, in diesem Zusammenhang bereits davon zu sprechen, dass hier »das Böse« Einfluss nimmt; aber wenn Menschen sich vom göttlichen Anliegen abkehren, kann sich daraus in Summe etwas entwickeln, das wir uns nicht wünschen können.

Mit dieser Erkenntnis nun aber zur Tagesordnung überzugehen, wäre zu kurz gegriffen, denn es liegt an uns, an jedem einzelnen, ob wir den Versuchungen blind folgen oder aufmerksam werden und wachsam prüfen, wo überall Fallstricke gespannt sind. Denn wir haben ja noch eine Wahl (Bayerischer Rundfunk 2012):

> »Wahlfreiheit zwischen Gut und Böse wird zum Hebel des Verführers, hier setzt er an, hier lauert die Sünde. Eva erliegt der Versuchung, isst die verbotene Frucht vom Baum der Erkenntnis und zieht Adam mit ins Verderben. Zur Strafe dafür, dass sie der Verlockung des Teufels nachgegeben und aus freien Stücken gesündigt haben, werden die Stammeltern aus dem Paradies vertrieben. Der Hass des Teufels ist damit jedoch noch nicht gestillt. Bis zum Ende der Zeit wird er versuchen, den Menschen vom rechten Weg abzubringen. Bis zum Ende der Zeit bleibt es die freie Entscheidung des Menschen, sich auf die Seite Gottes und des Guten zu stellen, oder dem Satan und der Sünde zu folgen. Und bis zum Ende der Zeit trägt die Schlange den Fluch des Verderbers und Werkzeug des Schlechten.«

Im ersten Brief des Petrus wird recht drastisch beschrieben, wie der Böse unablässig versucht, uns Menschen mit aller Macht zu erreichen und für seine Ziele einzuspannen:

> »Seid nüchtern und wachet; denn euer Widersacher, der Teufel, geht umher wie ein brüllender Löwe und sucht, wen er verschlinge.« (1. Petr 5,8).

Wobei im Neuen Testament insgesamt klar wird, dass der Versucher direkt lediglich an Jesu herantritt, aber nicht direkt einen Menschen zu unrechtem

Tun verleitet. Aus menschlicher Perspektive und theologisch betrachtet kann man zusammenfassend in der Möglichkeit des »Nein« zu Gott das Böse verstehen. Im deutlichen Erkennen dieses »Nein« als »Gottes Widersacher in uns« liegt aber auch die große Chance, uns neu und klarer auf das Ja zum lebendigen Gott auszurichten und seine Botschaft im Leben und Sterben Jesu zu erkennen und anzunehmen. Denn mit dieser Ausrichtung lässt sich das Böse leichter abweisen, im Zaume halten:

> »Denn mein Joch ist leicht. Und was ich euch zu tragen gebe, ist keine Last.« (Mt 11,30).

Oder:

> »Denn unsere Liebe zu Gott äußert sich darin, dass wir seine Gebote halten. Und es ist nicht schwer, seine Gebote zu halten.« (1. Joh 5,3).

Eine generelle und klare Aussage hinsichtlich einer Einordnung oder Bewertung der miteinander ringenden Kräfte bietet das vierte Kapitel der Offenbarung. Darin wird Johannes in einer Vision direkt an den Thron Gottes in den Himmel versetzt, um dort als Zeuge einer Zeremonie beizuwohnen. Diese Szene nimmt eine Schlüsselfunktion ein, indem es die dann nachfolgenden Aussagen mit einer Schilderung der unmittelbaren Gegenwart Gottes einleitet und gleichsam die Basis für die weiteren Kapitel 5–22 bildet. Gott wird als das Fundament der Welt festgestellt – Gott als Grund, auf dem die Wirklichkeit der Welt ruht. »Der abschließende Hymnus preist den Thronenden dann auch als den, der ist, der er ist, weil er der Schöpfer des Alls, der Welt ist, die allein in seinem Willen gründet« (Holtz 2008, S. 55):

> »Herr, unser Gott, du bist würdig, zu nehmen Preis und Ehre und Kraft; denn du hast alle Dinge geschaffen, und durch deinen Willen waren sie und wurden sie geschaffen.« (Offb 4,11).

Diese Stellung Gottes als der Herr des Alls, seine Herrschaft, ist schöpfungstheologisch begründet und schließt damit eine gleichberechtigte Gegenwelt aus. Was bei Johannes jedoch heißt, dass es dunkle Mächte gibt, die sich gegen Gott und seinen Willen stellen. »Über deren Ursprung sagt er nichts, ihre geschichtliche Realität aber beweist ihr Dasein« (Holtz 2008, S. 58).

3 Warum die Offenbarung betrachten?

Wer mit wachem Geist durchs Leben geht, fragt sich irgendwann: was hält die Welt zusammen, welche Kräfte wirken wie zusammen? Was wird kommen: Morgen (im Leben), nach dem Tod, wohin treibt die Welt, was ist der Sinn des Lebens? Diese Unsicherheit über das, was kommen wird, trieb auch die Jünger kurz vor der Kreuzigung Jesu an:

»Sage uns, was wird das Zeichen sein für dein Kommen und für das Ende der Welt?« (Mt 24,3).

Durch die Auseinandersetzung mit dem Buch der Offenbarung und anderen gelingt möglicherweise der Versuch, den *Tag des Herrn* (Offb 16,14; 19,11–21) mit den Zeichen der Zeit zu erahnen und mit dem Heute zu vergleichen: Befinden wir uns im Prozess der Wiederkunft Christi? Naht das Ende der alten und der Beginn der neuen Welt, das Paradies in Form des neuen Jerusalem, wie es die Offenbarung am Ende dort beschreibt? Welche Zeichen können wir sehen, die das Morgen erahnen lassen? Solche Fragen können helfen, bisheriges Leben und Handeln zu überdenken, andere Wege einzuschlagen oder umzukehren.

Es ist als geradezu faszinierend anzusehen, dass bei der Niederschrift des Buches vor fast 2.000 Jahren wohl niemand vom heutigen Zustand dieser Welt eine Ahnung hatte. Vergleiche ich jedoch die verschiedenen angekündigten Entwicklungen und auch Schrecken dort mit dem Heute, sind durchaus Interpretationen und Entsprechungen möglich. Denn erstmals in der Menschheitsgeschichte erreichen die in den sieben Siegeln, Posaunen und Zornesschalen beschriebenen Umweltkatastrophen und andere Krisenerscheinungen globale Bedeutung; erstmals sind zahlreiche, existenzielle Grenzen überschritten und der Kollaps des Gesamtökosystems Erde kann somit befürchtet werden. Was auch nahelegen kann, dass die Offenbarung keine bloße Vision des Menschen Johannes ist, sondern dem auch eine göttliche Inspiration zugrunde liegt.

Viele Theologen gehen davon aus, dass das Buch der Offenbarung keinen Fahrplan solcher Endereignisse schildert, keine Tagespolitik beschreibt, sondern den Grundkonflikt zwischen Gut und Böse aufarbeitet. Auch der Untergang Babylons (als Synonym für eine entgleiste Gesellschaft) muss nicht unbedingt an einem bestimmten Tag stattfinden, sondern zeigt sich permanent (Söding 2007). Wenn ich die Grundzüge der heutigen Entwicklung betrachte, so lässt sich die eingangs problematisierte Abkehr von natürlichen Vorgaben (wie wir sie als Schöpfung Gottes beschreiben können) und die meist völlige Unterwerfung unter ein selbst gesetztes, ökonomisch-technisches System feststellen:

- Die Bewusstseins- und Gewissensbildung (der Wertekanon) in unserer Gesellschaft sowie die Schaffung politischer, sozialer und rechtlicher Bewältigungsmechanismen unseres menschlichen Daseins brauchen mehr Zeit und Kraft als die Entwicklung technischer Möglichkeiten zur Bedürfnisbefriedigung. Die Schere in dieser Hinsicht klafft immer weiter auseinander. Hinzu kommt, dass gerade die Entscheidungsträger der materiellen Bedarfsdeckung und Bedürfnisbefriedigung heute kaum mehr (oder auch gar nicht) den Gewissensbildungsprozess in dieser Gesellschaft sehen. Damit gelingt eine Steuerung in diesem Sinne kaum; der Bewusstseinsprozess Einzelner, Vieler oder Gruppen wird dabei schwierig, was die generelle Veränderung dieser Entwicklung betrifft. Oder anders ausgedrückt – mit dem materiellen Fortschritt gelingt kaum eine geistige und moralische Entwicklung (Werteverfall).

- Die Abkopplung unserer Lebensform von natürlichen Strukturen und Prozessen, der Ersatz der natürlichen Lebensprozesse durch technische Verfahren, das Maß des Eingreifens in die natürlichen Zusammenhänge ist soweit »gediehen«, dass die Unnatürlichkeit unserer Lebens-, Produktions- und Konsumweise bereits auf breiter Basis als normal angesehen wird (von dem Verzehr von minderwertigem Fleisch aus der Massentierhaltung bis zur Bestrahlung mit elektromagnetischen Feldern beim Einsatz des Smartphones).

- Das Primat der Ökonomie – das Mehr, das Besser, das Höher, das Größer – erschwert Menschlichkeit, weil jeder als Produzent möglichst mehr leisten muss als der andere und weil er sich Solidarität (Nächstenliebe) dabei nicht mehr leisten kann. Unter den Bedingungen dieses Primats muss der Konsum ständig angeheizt werden, müssen ständig neue Bedürfnisse geweckt werden. Diese werden häufig dort geweckt, wo die

Bequemlichkeit des Menschen angesprochen wird und wenig Kraft für eine kritische Auseinandersetzung zu erwarten ist.

- Ökonomisches Kalkül als beherrschendes Prinzip in unserer technisierten Gesellschaft orientiert sich an Grenzen – Grenzen der Wirtschaftlichkeit, Ausnutzen maximaler Emissionen, Maximierung von Gewinnen. Vorsorgliches, zurückhaltendes, belastungsminimierendes Verhalten hat daneben keine Chance, da das Zurückstecken des einen den Vorstoß eines anderen ermöglicht – der diese Lücke für seinen Vorteil nutzen will.

Diese und weitere Mechanismen lassen sich sowohl in den differenzierten Bildern der Offenbarung wiederfinden als auch schon im zweiten Brief des Paulus an die Thessalonicher, wo er schreibt:

>Der Böse aber wird in der Macht des Satans auftreten mit großer Kraft und lügenhaften Zeichen und mit jeglicher Verführung zur Ungerechtigkeit bei denen, die verloren werden. […] damit gerichtet werden alle, die Lust hatten an der Ungerechtigkeit.« (2. Thess 2,9f).

Mit diesem Grundverständnis möchte ich einmal hinter die Meldungen und Bilder schauen, die uns als »Normalität« dieser Welt vor Augen stehen. Dabei will ich versuchen, dies in die biblischen Aussagen und Prophezeiungen der Offenbarung einzuordnen. Seit der in den 1970er Jahren beginnenden Diskussion um Eingriffe in die Umwelt bzw. Schöpfung und deren Folgen beobachte ich diese Änderungen und Zerstörungen unserer Lebensgrundlagen (während des Studiums, in der Forschung und universitären Lehre sowie in Verbänden, die sich dem Schutz der Umwelt verpflichtet haben). Als Christ stellt sich da die Frage: eröffnet sich eine Beziehung zwischen den Entwicklungen bzw. Ereignissen in Umwelt, Politik und Gesellschaft hinsichtlich der Aussagen der Offenbarung? Vor dem Hintergrund eines generellen Verständnisses bzw. eigener Erfahrungen sowohl mit Gottes Botschaft als auch der beobachteten gesellschaftlichen und natürlichen Prozesse der vergangenen Jahrzehnte lassen sich da Beziehungen interpretieren.

Diese Entwicklungen, Aktivitäten, Katastrophen können den in der Offenbarung bildhaft beschrieben Visionen entsprechen. Und ich kann dort eine göttliche Strategie erkennen, die letztlich zu einer neuen Welt führt, in der das Unrecht keinen Platz mehr hat. Das alles fernab von Verschwörungstheorien, sondern am Text der Luther- oder Basisbibel orientiert.

Die Weltgeschichte hat immer wieder Turbulenzen und katastrophale Phasen hervorgebracht. Wenn aber der Höhepunkt erreicht ist, wird Christus dem ein endgültiges Ende setzen. Deshalb kann die Gemeinde Jesu sich zu allen Zeiten in Bedrängnis und Verfolgung in der Offenbarung an Johannes wiederfinden und von dort Bewältigung des Horrors und den Trost und die Gewissheit empfangen: Christus ist der Sieger und die Gemeinde Christi wird am Sieg teilhaben. Insofern scheint eine Übertragung der Aussagen der Offenbarung in die jeweilige Zeit notwendig – möglicherweise sähe eine solche Übertragung in 50 oder 100 Jahren ganz anders aus? Also enthalten die hier hergestellten Bezüge und Bilder keinen Anspruch auf eine »richtige« Sichtweise bzw. Interpretation.

Doch bei einer intensiven Auseinandersetzung mit dem Thema einer drohenden Apokalypse, wie sie in der Offenbarung beschrieben ist, kann ich eine Entsprechung zu vielen heute wissenschaftlich nachprüfbaren Veränderungen und Prozessen vor allem auch natürlicher Zusammenhänge (wie z. B. Artensterben, Klimawandel) finden. Aufgrund der kaum möglichen Umkehrbarkeit mancher Entwicklungen stützt dies zumindest die Aussage, dass wir uns in einem fortgeschrittenen Prozess der massiven Gefährdung bzw. (Selbst)Zerstörung befinden – ob ich nun im Sinne der Offenbarung den endzeitlichen Konflikt dahinter sehe oder nur das Resultat eines steten menschlichen Handelns wider die Natur bzw. Schöpfung.

Die heutige christliche Offenbarungstheologie versteht dies ebenfalls als fortschreitendes Kommunikationsgeschehen zwischen Gott und den Menschen, als »Erschließungsgeschehen«, mit dem Gott Anteil an sich und an seiner Herrschaft gibt, die unter den Menschen Gestalt gewinnen soll (Weinhardt & Pemsel-Maier 2015).

Der Grundkonflikt, der Grundtenor des Lebens in der Gemeinschaft mit Menschen ist schlicht die Auseinandersetzung um »Gut« und »Böse«; so auch in der Bibel vom Anfang an (Baum der Erkenntnis, Verstoß aus dem

Paradies, über Kain und Abel) bis zum Ende (endzeitlicher Kampf der Mächte bzw. Kräfte). Diese Auseinandersetzung findet nicht erst in der Zukunft statt, sondern ist alltäglich. Da die wirkenden Kräfte zumeist unerkannt bleiben bzw. als solche nicht wahrgenommen werden (können oder wollen), werden oft mehr oder weniger plausible Erklärungen für desaströse Entwicklungen medienwirksam präsentiert (»das gab es immer schon«, »wie wissenschaftliche Untersuchungen ergeben haben, ...«).

Es kommt also darauf an, unsere Sinne zu schulen und wachsam zu sein, damit die tieferen Hintergründe dieses Grundkonflikts auch im täglichen Kontext wahrgenommen werden können. Hier liefert die Offenbarung bei entsprechender Übersetzung der Bildsprache manches Verständnis und hilft so in vielen aktuellen Lebensfragen. Mit drei Beispielen möchte ich vorab verdeutlichen, worum es geht.

1. Beispiel: Soll der Schöpfer ersetzt werden?

Bereits in den Büchern des Evangeliums wird von der Versuchung Jesu durch den Teufel berichtet, als er unter Entbehrungen in die Wüste geführt wurde (Mt 4,1; Mk 1,12–13; Lk 4,1–13). Drei Mal versuchte dieser, die Herrschaft über Jesu zu erlangen (was ihm aber nicht gelang). Heute sind wir nicht allein der Verführung ausgesetzt, uns von Gott abzuwenden; wir haben uns sogar aufgemacht, wollen es ihm gleichtun und selbst Schöpfer sein:

– mit der grünen Biotechnologie, die Eingriffe in das Erbgut von Pflanzen vornimmt (um etwa Schädlings- oder Herbizid-Resistenzen zu erzeugen),

– mit der roten Biotechnologie zur Entwicklung von Verfahren zur Herstellung medizinischer Produkte (um etwa gentechnisch erzeugte Stoffe wie Insulin herzustellen),

– mit der industriellen bzw. weißen Biotechnologie (für die biotechnologische Produktion von Mikroorganismen wie Enzymen beispielsweise),

– mit der synthetischen Biologie zur Erschaffung gänzlich künstlichen Erbguts für neue biologische Systeme und Organismen. Dies ohne

Kenntnis der möglichen Weiterentwicklung solcher Lebensformen (wie sieht es mit der auch unkontrollierten Vermehrung aus, welche Folgen hat dies für die Zukunft, die Umwelt?),

- und nun offensichtlich auch mit der gezielten und absichtlichen Manipulation am Erbgut des Menschen, indem mit der Genschere CRISPR/Cas9 an Embryonen Gene gezielt entfernt, geschädigt oder hinzugefügt wurden.

An diesen Entwicklungssträngen wird deutlich, wie schwierig es ist, hier die Fragen zu diskutieren und zu klären, ob ein Eingriff in die Schöpfung vorliegt oder ob eine neue Schöpfung entsteht und damit das Handeln gegen Gott gerichtet ist, wie es aus der Bibel gefolgert werden kann. Entspricht die Entwicklung von Medikamenten für kranke Menschen oder die Ertragssicherung für Nahrungsmittel dem göttlichen Auftrag für die Nutzbarmachung dieser Welt (oftmals tut sie es sicherlich) und wo sind möglicherweise Grenzen zu ziehen? Oft lassen die laufend fortschreitenden Phasen solcher Entwicklungen kaum exakte Schwellen erkennbar werden, sodass es äußerst schwierig sein dürfte, hier exakte Linien zu definieren. Jedoch sind Menschen nur allzu schnell bereit, selbst Schöpferkraft zu entwickeln, sich selbst zu erhöhen und es Gott gleichzutun. Denn mit einem schleichenden Fortgang der wissenschaftlich-technischen Möglichkeiten kommt die Versuchung gleichsam auf leisen Sohlen in die Welt, zunächst über hilfreiche Medikamente, um letztlich aber den Gestaltungsspielraum immer weiter auszuweiten, bis die Erkenntnis reift, dass Grenzen definitiv überschritten sind.

Immerhin zeigt der Aufschrei anlässlich der in China öffentlich gemachten Manipulation am Genom menschlicher Embryonen, dass eine Grenze definitiv überschritten sein könnte (der »letzte Tabubruch«, Simmank 2018). In vielen oder den meisten Fällen wird den tätigen Menschen jedoch nicht einmal bewusst, dass hier Schöpfer-Ambitionen an den Tag gelegt werden. Und schon gar nicht, dass man hier einer Versuchung erlegen ist. Denn nur allzu leicht lassen wir uns dazu verführen, jene Möglichkeiten und Qualitäten in uns zu befördern, die uns zu Schöpfern machen – zumal wissenschaftliche Reputation oder wirtschaftliche Erfolge damit einhergehen.

Eine Ur-Versuchung des Menschen, Gott möglichst gleich zu sein und seiner Gnade nicht zu bedürfen.

2. Beispiel: Rastlosigkeit und Beschleunigung

Unter dem Thema »Zeitökologie« oder »Ethik der Zeit« werden vielfältige Aspekte untersucht, die Hinweise auf eine deutliche Beschleunigung in der Lebens- und Arbeitswelt geben. So werden abseits der durch die Schöpfung vorgesehenen, natürlichen zeitlichen Phasen und Abläufe (zum Beispiel Rythmen der Jahres- und Tageszeiten, Wuchszeiten und Regenerationsphasen) insbesondere seit Beginn der Industrialisierung die technischen Zeittakte eingeführt. Diese folgen einem mathematisch exakten Zeitbudget. Nicht nur mit der Einführung der zeitlich getakteten Fließbandarbeit zur Produktion von Gütern wird so die Zeit berechenbar, auch ökonomisch planbar und einsetzbar. Immer stärker ist auch festzustellen, dass natürliche Zeiten und Rythmen durch technische Zeittakte ersetzt werden, und damit eine gewinnorientierte Verdichtung der Arbeitswelt und Produktion mit dem Ziel von Profitsteigerungen entsteht. Diese, auch mit »Beschleunigung« zu bezeichnende Entwicklung, führt zunehmend zu Ausfallerscheinungen (Burn-Out und andere Erkrankungen). Die Einführung von technischer Zeit durch Menschen darf auch als gegen die Schöpfung gerichtet verstanden werden, denn:

»Und Gott sah an alles, was er gemacht hatte, und siehe, es war sehr gut.« (1. Mos 1,31).

Eine andere Klärung oder eine Ursache dieser Beschleunigungen lässt sich auch aus der Offenbarung erkennen, wenn es dort heißt:

»Darum freut euch, ihr Himmel und die darin wohnen! Weh aber der Erde und dem Meer! Denn der Teufel kommt zu euch hinab und hat einen großen Zorn und weiß, dass er wenig Zeit hat.« (Offb 12,12).

Weil der Satan wenig Zeit hat und das Ende seiner Herrschaft hier auf der Erde naht, setzt er offensichtlich einiges daran, damit sich die Menschen noch möglichst schnell viele Übel zufügen. Er bedient sich immer mehr der faszinierenden Technik (zum Beispiel digitaler Medien, Smartphone), um Ruhe, Muße und Regeneration zu stören. Ständige Erreichbarkeit, Hetze und maximale Ablenkung verhindern so Kreativität, Einkehr und Beachtung der in uns tiefer liegenden inneren Bedürfnisse. Die Beobachtung natürlicher Gegebenheiten und Zusammenhänge verbleibt, digitale Bilder dienen dem Ersatz. Wir befinden uns mittendrin in dieser groß angelegten Verführung, die Muße und Innehalten verhindert und uns von Gottes angebotener Liebe und Gnade ablenkt (Abbildung 2). Die Beschleunigung von Lebens- und Arbeitsprozessen führt darüber hinaus nicht nur zu gesundheitlichen Folgen, sondern die Schere zwischen schnelleren Takten von Produktion und Finanztransaktionen einerseits (auch durch die Möglichkeiten der Digitalisierung befördert) und der eher analogen und bedächtigen gesellschaftlich-politischen Steuerung solcher Prozesse andererseits macht die gezielte, ausgewogene politische Entscheidung kaum noch möglich. Aushandlungsprozesse in einer immer komplexer erscheinenden Welt brauchen ausreichend Zeit, was heute kaum mehr akzeptiert wird. Stetig getrieben, werden Entscheidungen den komplexen Problemen nicht mehr ausreichend gerecht, es entstehen Fehler und Unausgewogenheit, Unzufriedenheit breitet sich aus. Das politische Steuerungssystem hechelt den Entwicklungen hinterher und es entwickelt sich so ein sich verstärkender Rückkopplungsprozess mit immer fataleren Auswirkungen. Man gewinnt den Eindruck, dass große Konzerne längst die Steuerung der gesellschaftlichen Entwicklung in manchen Bereichen übernommen haben und politische Entscheidungen nur ein paar notdürftige Flicken anbieten können – von der gezielten Einflussnahme durch Lobbyismus ganz zu schweigen.

Mit dieser Beschleunigung geht eine immer deutlicher sichtbar werdende Zerstörung unserer Lebensgrundlagen einher und es geht mittlerweile um die Zukunft der Menschen auf dieser Erde insgesamt. Dabei treffen die großen Entwicklungslinien globaler Veränderungsprozesse auch auf die persönliche Betroffenheit und entsprechende Entscheidung: Wir müssten uns bei allen Entscheidungen prüfen, welche Konsequenzen bzw. Folgen wir um uns herum, aber auch global auslösen: durch die Art und Weise der Ernährung, der Mobilität, des Energieverbrauchs, der verwendeten Kleidung, des Gebrauchs von Rohstoffen und vieles andere mehr.

Wenn ich in der Offenbarung auf den abschließenden Kampf Satans gegen Gott schaue, ist auch dort der Mensch nicht unbeteiligt. Die Herausforderung besteht dann darin, mögliche Verstrickungen zu erkennen und sich
dem entgegenzustellen oder zu entziehen. An dieser Stelle soll festgestellt
werden, dass ein Leben in dieser Welt durchaus von Widersprüchen geprägt
sein kann, auch wenn ich mir klare Haltungen oder Entscheidungen wün-
sche. Nicht selten werde ich diesen Widersprüchen erlegen sein, sei es bei
beruflichen Anforderungen oder auch bei persönlichen Lebensentwürfen.
Daran brauche ich aber nicht zu zerbrechen, denn die christliche Botschaft
lautet letztlich auf Vergebung durch Christus am Kreuz.

Abbildung 2: Zeitrhythmus, Zeittakt und Beschleunigung (Bild: pixabay).

3. Beispiel: Die Blockchain als Ersatzreligion?

Die Technik Blockchain wird mittlerweile nicht nur als Kult angesehen, der
Glaube daran ist endgültig »zur Religion geworden« (Abbildung 3), ein
»Heiliger Code«, wie es die Süddeutsche Zeitung formuliert.[10] Mit enormen
finanziellen Investitionen erwarten Menschen auf der ganzen Welt, dass die

---

[10] Süddeutsche Zeitung Nr. 230, 6./7.10.2018, S. 34f.

Blockchain nicht weniger als das Vertrauensproblem der gesamten Menschheit löst. Nicht länger die Vereinbarungen von Institutionen wie Banken, Geschäften oder Regierungen und das Vertrauen von Partnern zueinander zählen bei der Feststellung von Besitz, sondern mathematische Regeln übernehmen menschliches Vertrauen und Sicherheit von Abmachungen. Es braucht bei der Blockchain kein persönlich geregeltes Vertrauen der Menschen untereinander mehr, sondern die Technik erlaubt allen Teilnehmern, alle Vorgänge selbst zu überwachen. Möglich wird dies durch ein dort genanntes »Gott-Protokoll«, eine für alle offen liegende Datenbank, die sich jeder Nutzer herunterladen kann. Ein sich laufend von allein aktualisierender Vorgang in Form verschiedener Blockchains, dem sich der Nutzer ausliefern muss.

Abbildung 3: Die Blockchain als neues Heilsversprechen? (Bild: pixabay).

Anhänger sehen darin dezentrale und manipulationssichere Speicherungen, mit denen sich die vielfältigsten Probleme ein für alle Mal lösen ließen. Als Beispiele werden der Schutz von Gesundheitsdaten, das Rentensystem oder die Sicherung von Hauseigentum genannt. Eine völlig demokratische Datenbank in den Händen der Masse? Statt als Problemlöser wird die Blockchain wohl selbst zum Problem, denn sie verbraucht unvorstellbare Mengen an Energie für die vielfältigen Rechenprozesse: Mit derzeit wohl über 60 Terawattstunden pro Jahr verschlingt diese Technik so viel Strom wie ganz

Tschechien verbraucht. Und falls man das Passwort vergisst oder sich andere Missgeschicke einstellen, gibt es keine Instanz mehr, die man anrufen kann. Es wird von einem Informatiker berichtet, der seine ganze Investition in Bitcoins abschreiben kann, weil er seine Festplatte weggeworfen hatte. Ohne Passwort kann man seine Besitznachweise nicht mehr führen, sie sind dann einfach weg.

Hier mag deutlich werden, dass die Grundwerte des menschlichen Zusammenlebens wie Vertrauen, verbindliche Verabredungen und dergleichen ersetzt werden. Vertrauen wird durch mathematische Formeln und Algorithmen ersetzt, die nicht mehr persönlich steuerbar sind, denen man sich ausliefern muss. Dies lädt ein zu einer völligen Abhängigkeit, dem genauen Gegenteil von individueller Freiheit, wie sie Christus verkündet. Man liefert sich den wenigen, hinter dem Code stehenden Mathematik-Genies aus und hofft, dass diese nicht auch einmal Fehler machen oder eigenmächtig agieren. Handelt es sich hierbei bereits um modernen Götzendienst, hinter dem der Verführer am Werk ist? Der Unterschied zu den Botschaften des Evangeliums ist jedenfalls enorm.

4 Die Offenbarung – eine Übersicht

Das Buch der Offenbarung – geschrieben in den Jahren nach etwa 90 nach Christus – wird nicht dem Evangelisten Johannes zugeschrieben, sondern einem Propheten, einem Christen aus Kleinasien, kein Apostel, aber offensichtlich ein Mann von großer Bekanntheit und Autorität in Ephesus und Umgebung (Söding 2007).

Seit der Entstehung dieses Textes hat sich die Situation bis heute sehr grundsätzlich verändert. Mangels direkter Erlebnisse von Verfolgung in den entwickelten westlichen Staaten fällt es heute schwer, die Gedankengänge und Empfindungen dieses urchristlichen Textes aufzuspüren und sich darin wiederzufinden. So waren manche bildhafte Verschlüsselungen den Zeitgenossen des Johannes wohl geläufig – uns sind sie heute eher fremd. Betrachte ich das Buch der Offenbarung aber einmal mit einem oberflächlichen Abstand, ohne mich mit den tieferen Hintergründen zu befassen, so könnte es durchaus Material für einen spannenden Film abgeben. Denn im Grunde findet man dort das einfache Strickmuster, wie wir es aus Büchern, Märchen oder eben Filmen kennen: der Kampf »Gut gegen Böse« (oder umgekehrt). Am Ende siegt das Gute. Punkt.

Aber: wenn ich bei einem modernen Film heute die Bilder in 3-D sehe (also räumlich) und in einigen Studios auch ein erweitertes Erleben möglich ist (mit realen Bewegungen des Zuschauers und auch Gerüchen, Luftbewegung, Wasserspritzern), handelt es sich lediglich um das Eintauchen in eine virtuelle Wirklichkeit. Zwar ist man der Realität entrückt, aber beim Absetzen der speziellen Brille oder beim Schluss der Vorstellung nimmt man die umgebende Realität wieder wahr, ist wieder mittendrin in der »richtigen« Wirklichkeit.

Betrachte ich die Welt jedoch im Sinne der Offenbarung, sitze ich nicht im Kinosessel, wo mir mit einigen technischen Tricks eine Vision, eine virtuelle Realität vorgeführt wird, sondern bin mittendrin im Geschehen, befinde mich in der »Realität Gottes als die umfassende Wirklichkeit der Welt« (Weber 1977, S. 540), ohne Film-Set, Kamera und Bühnenbild. Bin authentischer Teil dieser Realität, Teilnehmer des Geschehens und darin eingebunden, als einzelnes, individuelles Wesen in der globalen Welt. Und ich kann nicht einfach die Brille wieder absetzen und mich nicht wie nach einem Film zurückziehen in meine heile Wohnung, zu meiner Familie und mich entspannt zurücklehnen.

Das heißt also: das Geschehen der Offenbarung betrifft mich persönlich – *ich* muss mich einordnen in das Umgebende, das Vergangene und das Zukünftige, muss mich mit den zentralen Fragen dazu auseinandersetzen und alle erdenklichen Entscheidungen treffen. Ich kann mich nicht entziehen und wie nach der Kino-Veranstaltung nach Hause gehen und aus der Verantwortung schleichen.

Diese persönliche Ansprache und auch Betroffenheit im Hier und Jetzt rührt aus der Tatsache, dass es sich mit der Offenbarung nicht – wie bei den anderen Büchern der Bibel – um einen Bericht aus der Vergangenheit handelt, aus dem ich Anregungen, Gebote oder Zuversicht schöpfe, sondern die Offenbarung platziert die Bühne des göttlichen Geschehens in das Hier, Jetzt und Heute hinein. Und ich bin als real handelnder Mensch (wie der Schauspieler oder Statist in einem Film) aktiver Teilnehmer des Geschehens. Bibelwissenschaftlich betrachtet ist der Mensch ebenfalls mehr als nur passiver Empfänger der Offenbarung; es handelt sich um ein Geschehen zwischen Gott und Mensch im Dialog, es ereignet sich als gottmenschliches Miteinander (Weinhardt & Pemsel-Maier 2015). Martin (1984, S. 97ff) erklärt dies als »Doppelte Wirklichkeitsansage«, wonach die alte, gottlose Welt und das neue Reich Gottes hier und heute wirklich und wirksam sind. Als Beispiel sei eine Textstelle genannt, die dieses Verhältnis konkretisieren hilft. Paulus schreibt im Brief an die Epheser:

> »Gott hat uns, die wir tot waren in den Sünden, mit Christus lebendig gemacht, (…) er hat uns mit auferweckt und mit eingesetzt im Himmel in Christus Jesus.« (Eph 2,5–6).

Das meint, dass wir in der gegenwärtigen Welt bereits Erlösung finden, durch Christus lebendig werden können. Auferstehung findet also vor dem Tod statt, der Tod seinerseits bleibt aber wirksam. In einer solchen Rolle ist es nicht gleichgültig, welche großen und kleinen Entscheidungen des täglichen Lebens ich treffe. Ein gleichgültiges, einfaches »Zuwarten« dessen, was da passiert und kommen mag, dürfte kaum angebracht sein. Dagegen wird eine persönliche Auseinandersetzung mit allen aktuellen Beobachtungen dessen, was »läuft«, notwendig werden. Damit wir die Verführungen erkennen und unsere Handlungen nicht gegen Gott gerichtet sind, damit wir sein Reich unter uns bzw. in uns suchen (Luther: »inwendig in euch«).

Insbesondere kann aus der Offenbarung die Aufforderung entstehen, wachsam zu sein bzw. aufmerksam zu sein über das, was in uns und um uns herum passiert. Wie es auch im Gleichnis von den klugen und törichten Jungfrauen heißt (Mt 25,1–13), wo letztere nicht genügend Öl für ihre Lampen hatten, umkehren mussten und bei der Ankunft des Bräutigams dann die Tür bereits verschlossen war: »Darum wachet! Denn ihr wisst weder Tag noch Stunde.«

Dies wird auch konkretisiert in Jesu Antwort auf die Frage der Pharisäer, wann das Reich Gottes kommt:

> »Das Reich Gottes kommt nicht so, dass man's beobachten kann; man wird auch nicht sagen: Siehe, hier ist es!, oder: Da ist es! Denn siehe, das Reich Gottes ist mitten unter euch.« (Lk 17,20f).

Gerade das verborgene, erst beim zweiten und dritten Hinschauen erkennbare Ansinnen des Bösen und die Art und Weise, wie es wirkt, soll Gegenstand der weiteren Überlegungen und Darstellungen sein. Es sind – neben den aktuell wahrnehmbaren Katastrophen – oft die schleichenden Prozesse (langfristige Änderungen und Zerstörungen), die undurchsichtigen, verworrenen Zusammenhänge, die den Blick verstellen auf den Widersacher und seine Versuche, uns von Gott abzubringen.

Daraus folgt mein Schwerpunkt bei der Interpretation der Offenbarung: Im Erahnen der nachteiligen, negativen oder zerstörerischen Kräfte des Bösen und ihrer Verbannung kann eine deutlichere Hinwendung zu Gott gelingen, lässt sich seine Zusage zu uns, zum geheilten Leben verdeutlichen. Und es lassen sich auch Konsequenzen für das tägliche Leben daraus entwickeln, wenn ich Zusammenhänge erkenne oder neu wahrnehme.

Einschränkend soll darauf hingewiesen werden, dass viele der Aussagen im Buch der Offenbarung hier übergangen werden wie beispielsweise der religiöse und politische Hintergrund der Offenbarung in früherer Zeit. Oder die dort ermahnten sieben Gemeinden und der Vergleich zur heutigen Kirchengemeinde. Auch wird nicht der Anspruch erhoben, dass alle Bezüge und Bilder einer theologisch-wissenschaftlichen Untersuchung standhalten. Es sind vielmehr Anregungen und Gedanken, die aus der langjährigen Beobachtung in unserer realen Welt resultieren (Erfahrungswissen).

Die weitere Auseinandersetzung mit der Offenbarungsschrift folgt weitgehend der dortigen Kapitelfolge; wohl wissend, dass diese nicht immer so konsistent ist, wie man es etwa von einer wissenschaftlichen Veröffentlichung erwartet.

Vom Anfang (1. Mos 2,17) bis zum »Endkampf« geht es also um die Frage: Wen wird die Menschheit anbeten – Gott oder Satan, den Drachen? (Offb 13,4; 1. Joh 5,19). Dieser Kern des endzeitlichen Konflikts lässt sich mit folgenden Bibelstellen zusammenfassen:

> »Es ist gekommen die Zeit, die Toten zu richten und den Lohn zu geben deinen Knechten, den Propheten und den Heiligen und denen, die deinen Namen fürchten, den Kleinen und den Großen, und zu vernichten, die die Erde vernichten.« (Offb 11,18).

> »Dann brach im Himmel ein Krieg aus [...]. Der große Drache wurde hinabgestoßen – die Schlange aus uralter Zeit, die auch ‚Teufel‘ oder ‚Satan‘ genannt wird. Sie verführt die ganze Welt zum Abfall von Gott.« (Offb 12,7–9).

Zum Verständnis der Offenbarung sollte man bedenken, dass dort Bilder verwendet werden, die vor rund 2.000 Jahren unter dem damaligen Verständnis der Welt gesehen und beschrieben wurden. Von heute aus rückblickend lassen die zum Teil enormen gesellschaftlichen und technischen Veränderungen Interpretationen zu, die das an manchen Stellen von Johannes Gesehene zur Wirklichkeit werden lassen.[11] Wohl gemerkt, es ist ein Versuch, die dort beschriebenen Bilder mit einem heutigen Verständnis zu sehen. Etwas erschwerend kommt hinzu, dass in der Offenbarung an Johannes manche Phasen und Bilder miteinander verwoben dargestellt sind oder sich teilweise auch wiederholen. Letztlich entziehen sich die Voraussagen auch einem chronologischen Ablauf (Löhde o. J.). Dies legt eine immer wieder

---

[11] Dies kennen wir aus den prophetischen Büchern des Alten Testaments, die an vielen Stellen das Kommen Christi ankündigten.

neue Auseinandersetzung mit den getroffenen Aussagen nahe. Grundzüge eines tieferen Verständnisses der Offenbarung können nach Löhde sein:

- der damals gegenwärtige, in den sieben Sendschreiben kritisierte Zustand der Gemeinden (Offb 2 und 3),
- die damals gegenwärtige Verfolgung der Gemeinden durch die römische Staatsmacht, weil die Christen dem Kaiserkult widerstanden,
- die zu erwartende, sich noch steigernde Verfolgung der Kirche bis zum Weltende durch die antichristliche Macht,
- der Sieg und das Gericht Christi über die gottesfeindlichen Mächte und die Verheißungen Christi an die Gemeinde,
- ein bildhafter Abriss der Heilsgeschichte in Jesus Christus bis zu ihrer Erfüllung.

Die Ermahnungen an die sieben Gemeinden, die unter Verfolgungen litten und innere Spannungen aufwiesen, bieten auch allerhand Hilfestellungen für die heutigen Gemeinden, sollen aber hier nicht weiter vertieft werden. Hier sollen eher der ökologische Zustand der Welt und die sich dahinter verbergenden Aspekte der Apokalypse (weltlicher ausgedrückt: eines Zusammenbruchs der Ökosysteme und unserer Zivilisation) betrachtet werden. Der grobe Ablauf der Prophezeiungen gliedert sich in:

- Sieben *Siegel*, die von Christus geöffnet werden (religiöse Verführung, Krieg, Hungersnot, Seuchen, Verfolgung, Zeichen am Himmel (siehe auch Mt 24ff). Wobei sich etwa zwei Drittel des Inhalts der Offenbarung allein dem siebten Siegel widmen.
- Sieben *Posaunen*, die geblasen werden (Zerstörung der natürlichen Grundlagen, Kriege).
- Mit der siebten Posaune werden sieben *Schalen des Zorns* ausgegossen (der Höhepunkt Gottes Gerichts).

Dann kommt der »Tag des Herrn« (als der Tag des Zorns vor der Wiederkunft Christi). Dies überschneidet sich mit Satans Rache an Gottes Volk (Offb 6,17 bzw. Mt 24,22). An dieser Stelle soll hervorgehoben werden, dass Gott nicht seine Gemeinde straft, sondern im entscheidenden Endkampf seinen Zorn auf die Gottlosen richtet – nicht das Werk Gottes wird beklagt, sondern das der Gottlosen. Anhand der aktuellen Zeichen der Zeit könnte man annehmen, dass die ersten fünf Siegel (die vier apokalyptischen Reiter) bereits aufgebrochen sind, wir uns also mittendrin im Offenbarungs-»Film« befinden (um beim eingangs angesprochenen Bild zu bleiben). Hinter manch aktueller Entwicklung könnte sich allerdings auch das Ausgießen der Zornesschalen andeuten.

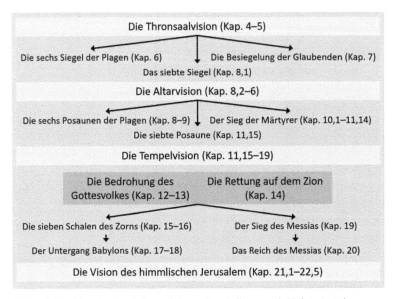

Abbildung 4: Struktur der Apokalypse (eigene Darstellung nach Söding 2007).

Mit der Offenbarung ergibt sich nicht zuletzt ein vollständiger Kontext der ganzen Heiligen Schrift. Vom Anfang, wie es beim Evangelisten Johannes zu lesen ist »Im Anfang war das Wort und das Wort war bei Gott und Gott war das Wort« (Joh 1,1) bis zur Verheißung in der Offenbarung »Und ich sah einen *neuen* Himmel und eine *neue* Erde, denn der erste Himmel und die erste Erde sind vergangen.« (Offb 21,1).

Erst mit der Offenbarung finden die zentralen biblischen Aussagen ihren abschließenden Rahmen und die Erfüllung vieler Voraussagen. Oder mit Pabst Benedikt XVI. (2015, S. 9) gesprochen: die Offenbarung an Johannes

»ist im Letzten die Enthüllung des Sinns der Menschheitsgeschichte«. Man sollte auch wissen, dass die Offenbarung nicht isoliert der Bibel angehängt ist. Neben vielen biblischen Prophezeiungen im Alten Testament (Dan 7 ff; Hes 38 ff.; Sacharja und Jesaja) sind insbesondere auch bei den Evangelisten des Neuen Testaments deutliche Grundzüge der Endzeit bereits beschrieben (Mt 24,3–13; Mk 13,3–13; Lk 21,7–19). Dort wird auf die Verführer und falschen Propheten hingewiesen, werden die Kriege der Völker untereinander, Hungersnöte, Erdbeben, Verfolgung und Tötungen um Christi Namens willen angekündigt.

Der wenig geläufige Text und die schwer zu interpretierenden Bilder stören einen leichten Zugang zu diesem Buch. Erschwerend kommt hinzu, dass die Offenbarung als von Gott bzw. Christus inspiriertes Wort für die Gemeinde Gottes geschrieben ist (Offb 1,1). Nur diejenigen, die dies so anerkennen, können die Bedeutung der Aussagen der Offenbarung verstehen:

»Alle Gottlosen werden's nicht verstehen, aber die Verständigen werden's verstehen.« (Dan 12,10).

Man findet eine reiche Bildsprache in der Offenbarung, aber sie wird gefüllt mit der Botschaft Christi und will keinen Raum lassen für Spekulationen und Berechnungen. Sie zeugt allein von Jesu Sieg am Ende der Zeit, versteht sich nicht als einen genauen Zeitplan der Endzeit und fotografisch genauer Schilderung kommender Ereignisse. Aus ihr können auch keine (zusätzlichen) Glaubenssätze geschöpft werden, die sich nicht auch in den anderen klaren neutestamentlichen Schriften finden (Löhde o. J.). Die Offenbarung soll zeigen, was in »Kürze« geschehen soll. Und ganz entscheidend ist: Jesu Christi ist die Macht gegeben, nur er kann das Buch mit den sieben Siegeln öffnen.

Zuvor und im Folgenden taucht immer wieder die Zahl *Sieben* auf. Sie wird in der Offenbarung für ganz verschiedene Darstellungen verwendet (sieben Gemeinden, sieben Sterne, sieben Engel, sieben Siegel, sieben Posaunen usw.). Mit dieser Zahl wird die Vollkommenheit oder Vollständigkeit ausgedrückt, wie wir es auch bei sieben Tagen als komplette Woche in der Schöpfungsgeschichte kennen.

5 Die sieben Siegel

In Kapitel sechs der Offenbarung wird das Buch mit den sieben Siegeln geöffnet. Nur Jesus (dort beschrieben als »das Lamm, das geschlachtet wurde«) ist würdig, dies zu tun. Die ersten sechs aufgebrochenen Siegel (Offb 6,1–17; 8,1) beschreiben in einer prophetischen Sicht Zustände und Einwirkungen als Beginn des Gerichts Gottes über die Welt, das der Aufrichtung der Herrschaft Gottes im Unrechtsregime des Bösen dient (Söding 2015). Beim Öffnen der ersten vier Siegel werden die so genannten apokalyptischen Reiter beschrieben, die als Boten Gottes eine erste Warnung über die Zerstörung eines Teils der Erde vermitteln.

5.1 Das erste Siegel: Verführung

> »Dann sah ich – sieh doch: ein strahlend weißes Pferd! Der Reiter, der darauf saß, hielt einen Bogen. Ihm wurde ein Siegeskranz gegeben und er zog als Sieger los, um zu siegen.« (Offb 6,1f).

Mit den Beschreibungen »weißes Pferd«, »Krone« und »Sieg« könnte man zunächst annehmen, dass hiermit Christus gemeint ist. Er wird aber erst viel später in der Offenbarung siegreich auf einem weißen Pferd daherkommen (Offb 19,11). Vielmehr wird hier ein mächtiger Betrüger beschrieben, der sich als Christus verstellt, ihm ähnlich ist. Dabei steht die Farbe Weiß für Vollkommenheit und Reinheit, was deutlich macht, dass hier schwer zu unterscheiden sein wird. Matthäus beschreibt diesen Verführer, der auch als Antichrist bezeichnet wird:

> »Seht zu, dass euch nicht jemand verführe. Denn es werden viele kommen unter meinem Namen und sagen: Ich bin der Christus, und sie werden viele verführen.« (Mt 24,4f).

Obwohl im Text des Johannes der Antichrist nicht ausdrücklich genannt ist, so steht er doch inhaltlich hinter vielen Bildern. Der Antichrist ist menschliches Werkzeug oder Verkörperung des Satans – der »Christus des Satans« (Löhde o. J.). Wie könnte ich dieses Bild ins Heute übersetzen? An anderer Stelle wird dies so bezeichnet:

»Aber wo dieser Gesetzlose auftritt, ist der Satan am Werk – mit seiner ganzen Macht, mit trügerischen Zeichen und Wundern und mit jeder Art von Verführung zum Unrecht. So stürzt er die ins Verderben, die verloren gehen. Denn sie haben die Liebe zur Wahrheit nicht angenommen, die sie gerettet hätte.« (2. Thess 2,9f).

Fortwährend gewinnt man den Eindruck, dass die Welt voll ist mit Machthabern und Personen, die sich als Heilsbringer verstehen und eine gottähnliche Verehrung erwarten. Mit Namen wie Putin, Erdogan oder Trump, sind solche Namen austauschbar auch mit anderen in anderen Zeiten und an vielen Orten dieser Welt.

Doch es wird auch um Verführungen gehen, die uns auf einen Weg bringen, der von der Botschaft der Bibel ablenkt oder die Botschaft verstellt. Gerade in jungen Jahren wirken viele Ideale auf einen ein, denen man nacheifert, zu denen man sich bekennt und hingezogen fühlt, etwa musikalische Interpreten oder Bands (als Beispiel ist hier an satanische oder anti-semitische Rapper-Botschaften, aber möglicherweise auch an Idole der Selbstinszenierung (Influenzer) und dergleichen mehr zu denken). Auch beim Eintreten für politische Ziele und Richtungen, die nicht dem biblischen Wertegefüge folgen, kann man schnell in die Falle tappen. Zu fragen ist in diesem Zusammenhang, ob sich sogenannte christliche Parteien oder Politiker, die sich intensiv für Kapitalinteressen einsetzen oder für die drastische Abwehr von Geflüchteten eintreten, nicht zuletzt der Verführung zur Ungerechtigkeit verfallen. Denn in vielen Fällen kann man dahinter Ausbeutung und Abwehr von Menschen sehen.

Meist wird nicht auf Anhieb erkannt, welchen Verführern ich auf den Leim gehe. Denn Verführer gibt es vielfältige, kleine und große, schrill oder verborgen daherkommend, im Mainstream unerkannt oder als Außenseiter klar erkennbar. Hier lohnt eine zentrale und einfache Prüffrage, um persönliche Verführungen zu erkennen. Sie lautet: An was hänge ich mein Herz? Denn das, woran ich mein Herz hänge, »das ist mein Gott«, was beispielsweise das erste Gebot berührt. Oftmals sind auch die Übergänge fließend, aber es lohnt sich, einmal in sich zu gehen und streng zu prüfen, welchen Verführern oder Verführungen erliege ich? Wie dies schon bei Matthäus treffend ausgedrückt ist:

»Denn mancher falsche Christus und mancher falsche Prophet wird auftreten. Sie werden große Zeichen und Wunder tun. So wollen sie möglichst auch die Menschen in die Irre führen, die von Gott erwählt sind.« (Mt 24,24).

Die Palette von Verführern ist bunt und vielfältig bestückt. Sie reicht von so genannten falschen Propheten, die als sektiererische Lehrer daherkommen bis zur bunten Vielfalt unserer modernen Konsum- und Überflussgesellschaft. Sei es zum Teil die Gier, ja oft Sucht nach modernen Medien, Spielen, Events oder verschiedene Süchte nach weichen bis harten Drogen, Aktienspekulation, Gier nach Geld, Anerkennung und so fort. Die Abbildung 5 zeigt nur wenige exemplarische Beispiele, die uns oft über äußerst geschickte Werbung einfangen. Man ist oft erstaunt, was je nach persönlichen Lebensumständen und Verhaltensweisen in diese Kategorie eingeordnet werden kann. Wobei klar sein muss, dass hier nicht die kleinen Genüsse gemeint sein sollen, die unser Leben lebenswert machen und die Ausnahme bleiben oder im Umfang begrenzt sind. Das Problem beginnt dort, wo der einzelne sich selbst erhöhen oder verwirklichen will, mit Drogen eine Steigerung des (von Gott gegebenen) Ichs erreichen will. In den USA gibt es erstmals mehr Tote durch eine Überdosis Heroin als Opfer von Schusswaffengewalt; auch Überdosen durch Opioide töten inzwischen jährlich mehr Menschen als Autounfälle oder Schusswaffen.

Je tiefer ich nachdenke, desto deutlicher kristallisiert sich heraus, dass das ganze System der Geld- bzw. Finanzwirtschaft (und deren politisch gewollte und gesetzte Rahmenbedingungen) in diesem Kontext gesehen werden kann:

»Denn die reich werden wollen, die fallen in Versuchung und Verstrickung und in viele törichte und schädliche Begierden, welche die Menschen versinken lassen in Verderben und Verdammnis. Denn Geldgier ist eine Wurzel alles Übels; danach hat einige gelüstet und sie sind vom Glauben abgeirrt und machen sich selbst viel Schmerzen.« (1. Tim 6,9f).

Man kann den Eindruck gewinnen, dass Geld und die Gier danach einer der größten Verführungen insbesondere in den reichen Staaten geworden ist.

Gleichzeitig wird dies als Normalität hingestellt. Denn wer empfindet es nicht als völlig normal, auch preiswert einzukaufen, damit noch weitere Einkäufe möglich sind? Doch wie leicht gerät man da auch auf den Pfad der Schnäppchen-Jagd (»Geiz ist geil!«, wie wir es aus einer Werbung kennen). Wie untersucht wurde, wird bei solch einer Jagd »das Großhirn ausgeschaltet«; beispielsweise wird bei der Schnäppchenjagd am *Black Friday* 40 Prozent Überflüssiges gekauft. Das dafür ausgegebene Geld steht nun nicht mehr für andere Zwecke zur Verfügung, die zur Herstellung solcher Produkte verbrauchte Energie sowie Rohstoffe, deren Gewinnung oder Herstellung oft unter prekären sozialen Bedingungen in oft armen Staaten erfolgt, stehen nicht mehr zur Verfügung. Dann hat der Verführer gewonnen.

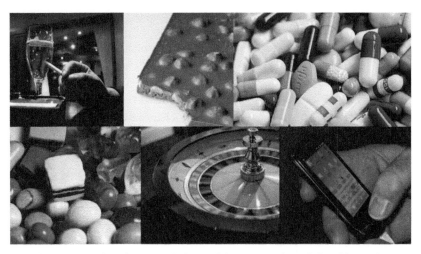

Abbildung 5: Exemplarische Beispiele für Verführungen und mögliche Abhängigkeiten (Bilder: pixelio).

Gerade beim Thema Konsum sollten wir besonders wachsam sein, denn er hat die Menschheit heute in einer nie da gewesenen Dimension im Griff (»da geht noch was«), Kaufentscheidungen können durch individualisierte Algorithmen beeinflusst und gezielt per Smartphone zugespielt werden. Damit wird vorherbestimmt, die Entscheidung des Einzelnen in diesen Fragen wird zunehmend abgenommen, man erliegt der Werbung und somit den

Kräften eines geldfixierten, verführerischen Systems. Und viele wollen sich dem sogar bewusst unterwerfen. Insofern sollten wir sensibel werden auch für die geschickten und verborgenen Verführungen! Wir sollten versuchen wahrzunehmen, wer letztlich dahintersteckt, den Blick schärfen: was passiert da überall? Welche Mechanismen laufen dort ab? Erkennen wir dahinter das kapitalistisch-gewinnorientierte Wirtschaftssystem in seinen Facetten als konkreten Verführer, was ungleich und ungerecht verteilen will, wie es oben (2. Thess 2,9f) beschrieben wird?

Letztlich sollten wir uns täglich fragen: was benötige ich wirklich zum Leben, zur Ernährung, wie will ich mobil sein, was für einen Urlaub will ich? Wo gehe ich dem Verführer auf den Leim? Und: welche Folgen löse ich durch manche Verführung aus, bei der Produktion von Gütern oder der Nachfrage nach Dienstleistungen, den dafür eingesetzten Ressourcen, bei den Wirkungen auf die Umwelt, den sozialen Effekten? Vielfach führen solche Gedanken leicht zur Überforderung, da die Zusammenhänge und Hintergründe oft komplex, kaum zu durchschauen oder nicht bekannt sind. Hier hilft eine bewusste Begrenzung auf kleine Schritte, man kann nicht alles auf einmal erreichen. Entscheidend ist, dass ich dort anfange, wo ein Missstand, eine Verführung zu erkennen oder zu spüren ist.

5.2 Das zweite Siegel: Schrecken der Kriege

Als das zweite Siegel aufgebrochen wurde,

»[...] kam ein anderes, ein feuerrotes Pferd. Der Reiter, der darauf saß, wurde ermächtigt, den Frieden von der Erde zu nehmen. Denn die Menschen sollten sich gegenseitig töten.« (Offb 6,3f).

Bereits im Evangelium des Matthäus wird dies als Anfang der sogenannten *Wehen* geschrieben:

»Ihr werdet hören von Kriegen und Kriegsgeschrei; [...] Denn es wird sich ein Volk gegen das andere erheben und ein Königreich gegen das andere [...].« (Mt 24,6f).

Mit der roten Farbe des Pferdes ist offensichtlich das vergossene Blut gemeint. Fast gleichgültig könnte man sagen: »Das war doch schon immer so!« Die Menschheitsgeschichte ist ohne Kriege und Auseinandersetzungen nicht vorstellbar und die fortwährenden Schrecken und Gräuel sind uns auch aus fernen Ländern heute gewärtig. Selbst wenn wir in dieser Generation in Deutschland keine eigenen Erfahrungen damit machen mussten, erübrigt sich an dieser Stelle ein weiteres ausschmücken. Doch die Ankündigung in der Offenbarung stimmt nachdenklich, denn sie zeigt die Macht dahinter, der Akteur oder Verursacher wird entlarvt. Über die Jahrtausende hinweg ist eine deutliche Steigerung zu erkennen, wenn heute das Vernichtungspotenzial weltweit inzwischen ausreicht, um die Erde mehrfach komplett zu zerstören. Die Ankündigung der zukünftigen, zur Endzeit hin gesteigerten kriegerischen Auseinandersetzungen und die offensichtlich nicht wirklich tragfähigen Friedenssicherungen klingen einerseits bedrohlich, auf der anderen Seite aber gilt die Verheißung:

> »Gott wird abwischen alle Tränen von ihren Augen, und der Tod wird nicht mehr sein, noch Leid noch Geschrei noch Schmerz wird mehr sein; denn das Erste ist vergangen.« (Offb 21,1).

Wie auch das Samenkorn in den Boden fällt und neue Frucht hervorbringt, verkündet die Offenbarung die dann entstehende neue Welt.

5.3 Das dritte Siegel: Hungersnöte

Der dritte apokalyptische Reiter weist auf die die Hungersnöte hin:

> »Und ich sah ein schwarzes Pferd. Und der darauf saß, hatte eine Waage in seiner Hand. Und ich hörte eine Stimme mitten unter den vier Gestalten sagen: Ein Maß Weizen für einen Silbergroschen und drei Maß Gerste für einen Silbergroschen!« (Offb 6,5f).

Auch dazu gibt es eine Entsprechung in der Rede Jesu über die Endzeit:

> »Und es werden Hungersnöte sein und Erdbeben hier und dort.« (Mt 24,7).

Welche Dimension der Hunger inzwischen erreicht hat, verdeutlichen die folgenden Zahlen (Abbildung 6):

- Hunger gehört zu den häufigsten Todesursachen weltweit.
- Es leiden weltweit immer noch 795 Millionen Menschen an Hunger (Stand 2014–2015).
- 8,8 Millionen Menschen sterben jährlich, weil sie nicht genug zu essen bekommen.
- Wir produzieren jedes Jahr genug Essen, um alle Menschen weltweit zu ernähren. Gleichzeitig landen jährlich 1,3 Milliarden Tonnen Essen auf dem Müll. Das ist ein Drittel aller Lebensmittel weltweit.

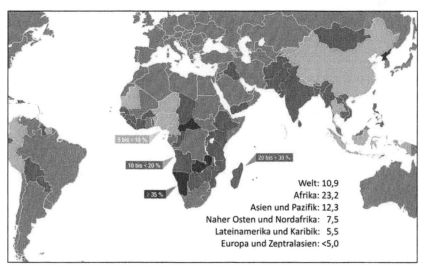

Abbildung 6: Anteil der unterernährten Bevölkerung an der Gesamtbevölkerung in Prozent (Quelle: BPB 2017 a, Ausschnitt).

Hungersnöte haben – zum Teil als Folge von Kriegen – oft vielfältige Ursachen und stellen sich meist als ein komplexes Problem dar. In den Medien heute lassen sich die oft tieferliegenden Ursachen nicht immer gleich erkennen. Eine der Ursachen für Hungersnöte liegt sicher darin, dass früher funktionsfähige Ökosysteme heute durch menschliche Einflüsse destabilisiert und zerstört werden (siehe Abbildung 7 mit dem Beispiel Sahel-Zone). Er-klärt werden kann dies auch mit wissenschaftlichen Modellen: komplexe Systeme brechen in der Regel zusammen, wenn einzelne Menschen steuern wollen (Vester 1999). Zum einen liegt dies daran, dass komplexe, vernetzte Systeme oft nicht verstanden werden und Steuerungen nur sehr schwer aus-zutarieren sind. Meist findet eine Übersteuerung in der einen oder anderen Richtung statt. Dann brechen Systeme zusammen oder explodieren, auch wenn man das Beste wollte.

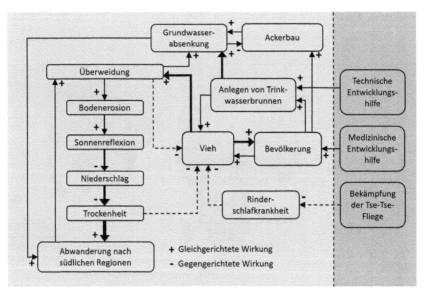

Abbildung 7: Fatale menschliche Eingriffe (rechte Felder) am Beispiel System Sahelzone (eigene Darstellung nach Vester 1994).

Man muss sich auch fragen, unter welchem Einfluss manche Führer oder Regierungen agieren, wenn sie sich selbst bereichern und die Bevölkerung darbt. Hier weist die Offenbarung auf den dahinter stehenden Versucher, der solche Übel anstiftet. Das egoistische Wirtschaften der reichen Staaten hat maßgeblichen Anteil daran, dass sich die Lebens- und Wirtschaftssys-teme von Regionen in ärmeren Ländern destabilisieren und diese ausgebeu-tet werden. Als ein Beispiel mag – nicht zuletzt durch unseren Drang nach immer preiswerteren Produkten und Nahrungsmitteln ausgelöst – die Überproduktion von Hähnchenfleisch dienen:

- Neben dem enormen Ressourcenverbrauch durch die Fleischproduktion generell (sie benötigt die Hälfte der weltweiten Getreideernte, die Produktion von einem Kilo Rindfleisch verbraucht 15.000 Liter Wasser und erzeugt eine Klimawirkung, die einer Autofahrt von 1.000 km entspricht), führt die Produktion von rund 628 Millionen Hühnern im Jahr 2012 in Deutschland (Sebastian 2014) zu einem Desaster auch in armen Ländern. So ist die Massenproduktion in unvorstellbar großen Anlagen ohne ausreichenden Artenschutz inzwischen so preiswert und umfangreich, dass der Überschuss den afrikanischen Markt beeinflusst. Dort werden die deutschen Billig-Hühner den einheimisch produzierten teureren vorgezogen und die einheimischen Produzenten können ihre Ware nicht mehr verkaufen (Zeit Online 2015).

- Das egoistische Interesse der hier wirtschaftenden Betriebe und Konzerne fragt nicht nach einer angemessenen und stabilen Versorgung in afrikanischen Ländern. Die Regulierung der Staaten versagt. Lese ich die Offenbarung, so kann ich mit diesem einzelnen, ausgewählten Beispiel fragen, ob hier die Kräfte des Bösen wirken könnten.

Die aus dem Tritt geratene Versorgung der Weltbevölkerung mit Nahrungsmitteln hat so viele Facetten, dass hier nur exemplarisch an wenigen Beispielen darauf eingegangen werden kann. Sei es die so genannte »Grüne Revolution«, die in vielen Ländern durch Einflussnahme von Saatgut-Konzernen nicht nur die ökologischen Grundlagen, sondern auch die Sozialstrukturen zerstört hat. Oder nehmen wir die Abholzung von Regenwäldern für die Produktion von Palmöl, damit in den industrialisierten Ländern daraus Treibstoff für Kraftfahrzeuge gewonnen wird. Nicht selten wird die einheimische Bevölkerung brutal vertrieben und auch durch den Einsatz von Chemikalien vergiftet (Wikipedia 2018 b). Ähnliches gilt für den Anbau von Soja, welches bei uns als Futtermittel für die Tier-Überproduktion eingesetzt wird. In Deutschland können wir ebenfalls beobachten, dass Flächen, die der Produktion von Nahrungsmitteln dienen könnten, der Gewinnung von Biogas (Stromproduktion) oder Treibstoffen dienen. Vordergründig könnte man sagen: Die Bestimmungen zur Förderung erneuerbarer Energien erlauben dies so. Und der Landwirt verhält sich als Unternehmer rechts- und marktkonform. In der Lesart der Offenbarung kann ich dahinter den Verführer sehen, der über die selbstherrlich handelnden Menschen versucht, die Versorgung zu zerrütten, Menschen zu verarmen, Ökosysteme zu zerstören. Ganz zu schweigen vom globalisierten Wirtschaftssystem, welches Mechanismen hervorbringt, die es ärmeren Ländern kaum möglich machen, aus der Knechtschaft der reichen Investoren und Großkonzerne herauszukommen. Da werden große Zuchtbetriebe für Rosen in Afrika angelegt und der einheimischen Bevölkerung das lebensnotwendige Wasser entzogen (Czycholl 2010). Oder die Getreideproduktion in Pakistan wird von Saudi-Arabien gekauft und die Transporte werden während der Hochwasserkatastrophe im Jahr 2010 entlang der hungernden Bevölkerung unter Bewachung des pakistanischen Militärs durch das Land geleitet (damit mögliche Übergriffe der hungernden Bevölkerung abgewehrt werden können). Wie immer, kann man sagen, »die Menschen sind eben so«, aber die Interpretation der Offenbarung lässt auch tiefergehende Schlüsse zu.

Die Auseinandersetzung um die zum Teil verwerflichen Strategien von Nahrungs- und Futtermittelkonzernen erforderte eine ganz eigene Ausarbeitung. Als ein Beispiel für die letztlich menschenverachtende und die natürlichen Lebensgrundlagen zerstörende Strategie gilt der Monsanto-Konzern, jetzt Bayer gehörend. Vielfältige Berichte, Broschüren, Videos und andere Medien zeigen die Machtausübung über angeblich wissenschaftliche Studien, landwirtschaftliche Betriebe, politische Gremien.[12] Ich könnte mir als Bild vorstellen, dass hier der Verführer selbst dem Aufsichtsrat vorsteht.

5.4 Das vierte Siegel: weitere Tote

Mit dem Aufbrechen des vierten Siegels bekommt der Tod als vierter Reiter auf einem fahlen Pferd Vollmacht über ein Viertel der Erde. Er bringt Tod

---

[12] Hier nur eine kleine, beispielhafte Auswahl: [https://lobbypedia.de/wiki/Monsanto; 20.01.2019], [https://www.greenpeace.de/themen/landwirtschaft/ gentechnik/monsantos-machtstrategien-unternehmensaufkaeufe-ein-report; 20.01.2019].

durch Schwert, Hunger, Seuchen und die wilden Tiere. Tod durch Schwert und Hunger waren bereits in den beiden vorherigen Abschnitten angesprochen. Neu hinzu kommen die Seuchen und wilden Tiere. Möglicherweise wäre da nicht nur an große Raubtiere zu denken, sondern es können auch sehr kleine Vertreter in den Blick genommen werden (wie Viren oder krankheitsübertragende Insekten).

Seuchen und ähnliche todbringende Zeiten hat es in der Menschheitsgeschichte immer wieder gegeben. Was jedoch nachdenklich macht, ist die heutige Dimension und der Anstieg der Gefährdungen, wie es uns die Corona-Pandemie 2020 vor Augen geführt hat. Die Betroffenheit eines Viertels der Erde ist durch die weltweite Vernetzung und Mobilität bei einigen Krankheitserregern nicht mehr auszuschließen, ja real geworden. Denken wir auch an die Vogelgrippe (Geflügelpest), wo von einer fast weltweiten Pandemie unter Wildvögeln gesprochen wird. Verschiedene Virustypen können immer wieder für den Menschen gefährlich werden. Weitere Mutationen sind nicht auszuschließen. Immer mühsamer ist auch das Eindämmen von bekannten Epidemien wie Ebola und andere (Abbildung 8).

Heute kann man diese Kategorie todbringender Ursachen erweitern um die Menschen gemachte Umweltverschmutzung durch biologische, chemische und physikalische Noxen. Aktuell weist eine Studie[13] nach:

- Umweltverschmutzung ist größter Einflussfaktor für Krankheit und vorzeitigen Tod in der Welt.
- 16 Prozent aller Tode sind durch Umweltverschmutzung verursacht (das sind mehr als durch AIDS, Tuberkulose, Malaria und Kriege).
- 92 Prozent dieser Tode betreffen Arme und Abwehrschwache.
- Kinder sind Hauptbetroffene im Mutterleib, in früher Kindheit und später über die ganze Lebensspanne.

---

[13] Siehe The Lancet, das bedeutendste Wissenschaftsjournal neben Nature, 19.10.2017.

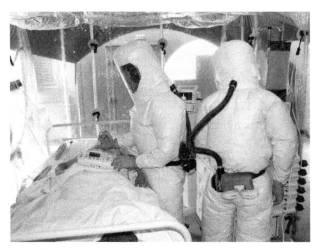

Abbildung 8: Ebola-Patient auf der Isolierstation (Bild: pixabay).

Die Dimensionen dieser Verschmutzungen sind kaum abzugrenzen. Zumal die technische Entwicklung immer rasanter verläuft und effektive Kontrollen in vielen Regionen kaum möglich sind. Hier sollen nur wenige exemplarische Beispiele zur Verdeutlichung angeführt werden:

- Chemische Belastungen: Eine amerikanische Datenbank sammelt Berichte über neu entdeckte und synthetisierte Substanzen, sie enthält über 135 Millionen Stoffe (Wikipedia 2018 c). Selbst bei den rund 80.000 industriell hergestellten Basis-Chemikalien sind die gesundheitlichen Wirkungen nur zu einem äußerst geringen Teil überhaupt bekannt. Darunter befinden sich viele persistente, bioakkumulative und toxische Chemikalien.

- Physikalische Belastungen: Der stetig steigende Lärm gerade in verdichteten Lebensräumen durch Straßen-, Schienen- und Flugverkehr führt über verschiedene gesundheitliche Effekte (wie zum Beispiel Bluthochdruck) zu erhöhten Todesrisiken; durch ionisierende (harte) Strahlen der Atomtechnologie und anderer Anwendungen werden selbst weit unterhalb gesetzlicher Grenzen bereits Kinder einem erhöhten Leukämierisiko ausgesetzt; die nicht ionisierenden niederfrequenten Felder und die

Hochfrequenzstrahlung verschiedener Funkanwendungen (unter vielen anderen Mobilfunk, WLAN) können zu verschiedenen Erkrankungen (wie beispielsweise Krebs, neuro-degenerative Erkrankungen) führen.

- Biologische Belastungen: Belastungen durch gentechnisch veränderte, krankheitserregende oder standortfremde und invasive Lebewesen sowie mehr als 10.000 Biostoffe, die infektiöse, sensibilisierende, toxische und sonstige die Gesundheit schädigende Wirkungen auslösen. Sie haben sehr unterschiedliche Eigenschaften und sind im Normalfall nicht mit den Sinnesorganen erfassbar.

Bei fast allen Noxen (insbesondere solche, die industriell hergestellt und vermarktet werden) läuft das gleiche Muster bei festzustellenden Wirkungen auf Umwelt und Gesundheit ab. Hier ganz grob vereinfachend skizziert, aber an vielen Beispielen sehr differenziert belegt (Umweltbundesamt 2004; Europäische Umweltagentur 2016): Zunächst wird produziert, meist ohne eine ausreichende Prüfung der Folgen auf Mensch und Umwelt vorzunehmen. Mehren sich Beobachtungen über schädliche Effekte, wird dies zunächst abgestritten, verharmlost oder nicht wahrgenommen. Erhöht sich der Druck, werden Studien durchgeführt, die möglichst das Gegenteil belegen sollen. Gleichzeitig wird über die politische Einflussnahme versucht, Regelungen zu behindern oder abzuschwächen. Lassen sich beispielsweise aufgrund von Gerichtsurteilen, Druck der Bevölkerung auf die Politik und andere Aktivitäten die Gefahren und Schäden nicht mehr leugnen, wird lediglich einem Mindestmaß an Gefahrenschutz nachgegeben. Dieses folgt in der Regel nicht dem Ziel einer zukünftigen Vorsorge vor Belastungen.

Man kann annehmen, dass auf den vielfältigen Stufen von Verharmlosungen, Ab- und Gegenwehr sowie Desinformation die genannte Kraft des Verführers am Werk war und auch heute noch ist. Eine offene, transparente, dem Menschen und der Schöpfung zugewandte Haltung, die Gottes Geboten entspräche, vermisse ich in solchen Auseinandersetzungen meist vollständig. Insgesamt gesehen kann ich das ganze Wirtschafts- und Finanzsystem durch die Brille der Offenbarung neu betrachten und bewerten (siehe Kapitel 7.3). Der allenthalben geforderte Paradigmenwechsel oder die Sicht, dass der für die vielen Zerstörungen ausschlaggebende Egoismus des Menschen kein Naturgesetz ist und Änderungen des Verhaltens möglich sind, übersieht meist, dass erst die Hinwendung zu Gott und dem von ihm zur Versöhnung gesandten Christus eine persönliche, tiefergehende Auseinandersetzung mit den herrschenden Gegenkräften erlaubt.

5.5 Das fünfte Siegel: religiöse Verfolgung

Bereits zur Zeit der frühen Gemeinden und Entstehung der Offenbarungsschrift war die Verfolgung von Christen bekannt. Zum Verständnis der hier angesprochenen Verfolgung soll auf die Definition der »Gemeinde Gottes« hingewiesen werden. Im ersten Brief des Paulus an die Korinther wird diese Gemeinde als »Leib Christi« beschrieben: »Denn wir sind durch einen Geist alle zu einem Leib getauft, wir seien Juden oder Griechen, Sklaven oder Freie, und sind alle mit einem Geist getränkt.« (1. Kor 12,13). Die Offenbarung spricht im neutestamentlichen Sinne also von all denen, die durch die Taufe Zeugen des Auferstandenen sind. Diese Gemeinde Gottes hat wenig gemein mit »dem« Christentum bzw. »den« Kirchen und dessen religiösen Verfolgungen aus früheren Zeiten und anderen Verirrungen bis in die heutige Zeit. Man sollte also strikt unterscheiden zwischen den durch Menschen eingeführte Strukturen und der durch den Geist Christi geführten Gemeinde.

Inzwischen machen Christen fast ein Drittel der Weltbevölkerung aus. Insgesamt zeigt sich ein stetiger Zuwachs, der den Rückgang in den westlich geprägten Ländern sogar ausgleicht. Das Öffnen des fünften Siegels weist auf die Verfolgung der Christen hin:

»Und als es das fünfte Siegel auftat, sah ich unten am Altar die Seelen derer, die umgebracht worden waren um des Wortes Gottes und um ihres Zeugnisses willen.« (Offb 6,9).

Hier werden die Märtyrer dargestellt, die ihr Leben für Christus bereits gegeben haben. Und weiter wird dort gesagt, dass noch weitere Diener Gottes getötet werden. Dies wird auch bei Jesu Rede über die Endzeit angekündigt:

»Dann wird man euch in große Not bringen und sogar töten. Alle Völker werden euch hassen, weil ihr euch zu mir bekennt.« (Mt 24,9).

Liest man die Apostelgeschichte und die Briefe des Neuen Testaments hier in Europa bzw. den westlich geprägten Ländern, so erscheint das Thema Christenverfolgung ein Faktum früherer Zeiten zu sein. Doch wenn sich der Fokus auf die Welt hin öffnet, so berührt die heutige Realität: Aktuell sind 200 Millionen Christen (als die größte verfolgte Glaubensgruppe) aus 50 Ländern dem christlichen Hilfswerk Open Doors zufolge »einem hohen Maß an Verfolgung« ausgesetzt (siehe den Weltverfolgungsindex 2019, Abbildung 9, Open Doors 2019). Verfolgung heute betrifft vielfach alle, die »anders« sind. Häufig oder immer sind es Minderheiten – seien sie christlichen Glaubens wie die Kopten in Ägypten oder jüdischen Glaubens; der Antisemitismus hat sich bis in die Zeit des Dritten Reiches zum Genozid gesteigert und aktuell ist eine Renaissance antijüdischer Tendenzen zu beobachten. Religiös motivierte Verfolgung erscheint dabei in unterschiedlichen Gewändern, mal als gezielte staatliche Unterdrückung, als Verhaftungen oder auch in Form gewalttätiger Angriffe durch religiöse Gruppierungen oder durch die eigene Familie. In den genannten Ländern verschlechtert sich die Lage der über 600 Millionen Christen von Jahr zu Jahr. Immer wieder werden auch tödliche Anschläge verübt.

Diese Entwicklung geht einher mit einer zunehmend härteren und aggressiver werdenden gesellschaftlichen Auseinandersetzung insgesamt. Aufgrund der vergleichsweise höheren Geburtenrate der Muslime wird dort ein Zuwachs um 70 Prozent bis 2060 erwartet (Pew Research Center 2017). Dies könnte die Auseinandersetzungen zukünftig verstärken. Gerade bei diesem besonderen Problem der Verfolgung von Christen gewinnt der Trost aus dem Wort Gottes eine hohe Bedeutung:

»Wer aber beharrt bis ans Ende, der wird selig werden.« (Mt 24,13).

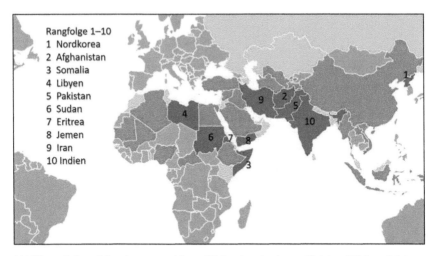

Abbildung 9: Rangfolge der ersten 10 von 50 Staaten, in denen Christen 2019 verfolgt werden (eigene Darstellung nach Open Doors 2019).

Das Thema »Verfolgung heute« kann auch noch aus einem anderen Blickwinkel betrachtet werden: Sieht man die antichristliche Macht des Verführers hinter der Verfolgung der Kirche bis zum Weltende, so dürfte auch die Abkehr vom christlichen Glauben insbesondere in Europa und Nordamerika hier zu nennen sein. Neun Millionen Menschen kehrten dort zwischen 2010 und 2015 dem Christentum den Rücken, bis 2060 werden nur noch 14 Prozent der kompletten christlichen Weltbevölkerung in Europa und Nordamerika beheimatet sein (Ohm 2017).

Auch im außerreligiösen Bereich gibt es Verfolgung, Diskriminierung und Unterdrückung von Menschen, die eine andere, zum Beispiel politische Auffassung haben oder andere Lebensstile pflegen. Nicht selten wird politische Verfolgung vom jeweiligen Staat unterstützt. Viele Beispiele aus der Vergangenheit und Gegenwart zeigen auch extreme Ausformungen, wenn von »ethnischer Säuberung« oder gar »Völkermord« zu sprechen ist.

5.6 Das sechste Siegel: Ereignisse vor dem Tag des Herrn

Als Übergang zwischen den Verfolgungen (fünftes Siegel) und dem Tag des Herrn (siebtes Siegel) werden mit dem Aufbrechen des sechsten Siegels verschiedene Ereignisse angekündigt (Offb 6,12–14): ein großes Erdbeben, die Sonne verfinstert sich, der Mond wird rot, Sterne fallen auf die Erde, der Himmel verschwindet, alle Berge und Inseln werden wegbewegt. Auch diese Ereignisse hat Christus seinen Jüngern gegenüber bereits angekündigt:

>»Sogleich aber nach der Bedrängnis jener Zeit wird die Sonne sich verfinstern und der Mond seinen Schein verlieren, und die Sterne werden vom Himmel fallen und die Kräfte der Himmel werden ins Wanken kommen.« (Mt 24,29).

Man kann hinter den Bildern der genannten Ereignisse – wie es einige Bibelkommentare interpretieren – eine gewaltige Erschütterung der bestehenden Ordnungen menschlicher Gesellschaften sehen, die die Mächte und Regierungen heimsucht. Ein solcher »Umsturz der auf Erden bestehenden Ordnung der Dinge« (Darby 2017, S. 29) dürfte aus heutiger Sicht jedoch eher mit der Folge von Zerstörungen der natürlichen Lebensgrundlagen oder dem Raubbau von Rohstoffen verbunden sein. Denken wir beispielsweise an die kriegerischen Auseinandersetzungen um das Erdöl als wichtige Energieressource. Oder an die Folgen technischer Umbrüche in Politik, Wirtschaft und Gesellschaft (zum Beispiel früher durch die Dampfmaschine oder heute durch die Digitalisierung ausgelöst). Sie können solche Erschütterungen auslösen. Die beschriebenen Bilder lassen sich nicht immer klar unterscheiden hinsichtlich natürlicher Ereignisse oder Menschen gemachter Katastrophen. Aber sie können nach Lesart der Offenbarung als Zeichen betrachtet werden, die zur Einsicht und Innehalten bzw. Umkehr motivieren sollen:

- Denken wir nur das große Beben vor der Westküste von Nord-Sumatra am 26. Dezember 2004 (Focus Online (o. J.). Es ist das drittgrößte seit 1900. Insgesamt kamen durch die Naturkatastrophe 227.898 Menschen ums Leben. 1,7 Millionen Menschen in 14 Ländern Südasiens und Ostafrikas wurden obdachlos. Der Tsunami ist für mehr Tote und mehr Zerstörung verantwortlich als alle anderen durch Beben ausgelösten Flutwellen, die bisher beobachtet wurden. Im globalen Maßstab handelt es sich um ständige Ereignisse, welche durch die Verschiebung der Kontinentalplatten entstehen (Abbildung 10).

- Am 11. März 2011 erschütterte ein Seebeben der Magnitude 9,0 Japan. Es folgte ein Tsunami, der die Ostküste der Hauptinsel Honshu verwüstete. Über 14.000 Menschen verloren ihr Leben. Durch die Flutwelle fiel außerdem die Kühlung in drei Reaktoren des Atomkraftwerks Fukushima I aus. Es kam dort zur Kernschmelze. Die Umgebung des Kraftwerks musste wegen radioaktiver Verseuchung evakuiert werden.

Die angesprochene Verdunkelung der Sonne und des Mondes ist kaum mehr ein zukünftiges Problem, sondern heutige Realität. Wir kennen dies noch aus den fünfziger bis siebziger Jahren des vergangenen Jahrhunderts in London oder dem Ruhrgebiet, wenn Smogalarm ausgerufen werden musste. Auch heute lässt sich dies bei manchen Wetterlagen in einigen Regionen dieser Welt (wie beispielsweise in Indien oder China) sehen. Durch die ungeheuren Mengen von oft ungefiltert in die Luft ausgeworfener Schadstoffe (vor allem aus Industrie und Verkehr) verfinstert sich die Atmosphäre so sehr, dass kaum mehr als ein Meter Sichtweite besteht (Abbildung 11):

»Und die Sonne wurde finster wie ein schwarzer Sack, und der ganze Mond wurde wie Blut.« (Offb 6,12) bzw. »Und der Himmel wich wie eine Schriftrolle, die zusammengerollt wird.« (Offb 6,14).

Rund sieben Millionen Menschen sterben nach Angaben der Weltgesundheitsorganisation WHO jedes Jahr an den Folgen der Luftverschmutzung (Mihm 2018). Sind die im sechsten Siegel angedeuteten Katastrophen nicht zu einem Teil längst Wirklichkeit? Verstellen uns möglicherweise die plausiblen naturwissenschaftlichen Erklärungen einerseits und wiederholte bzw. schleichende Entwicklungen (Gewöhnungen) andererseits den Blick auf das, was uns aufmerksam machen sollte für den bevorstehenden Tag des Herrn, seine Wiederkunft? Die wiederholt in der Bibel ausgesprochene Mahnung »seid wachsam« kann aufmerksam und sensibel machen für die vielfältigen großen und kleinen Ereignisse um uns herum oder auch fernab in der globalen Weite. Aufmerksamkeit und Wachsamkeit kann dabei auch einordnen helfen in das, was im Wort Gottes an Bezügen möglich ist bzw. auch in dieser Richtung angelegt sein könnte.

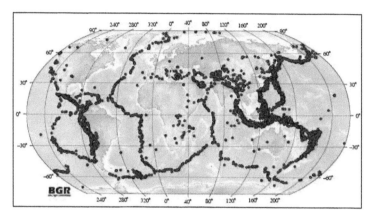

Abbildung 10: Erdbeben mit einer Magnitude größer als 5.0 seit 05.02.2018 (rote Punkte, Quelle: BGR 2019).

Abbildung 11: Luftverschmutzung in Beijing, China (Bild: Wikimedia 2018).

Das sechste Kapitel der Offenbarung, welches die Öffnung der sechs Siegel beschreibt, endet mit den Worten:

»Denn der große Tag ist gekommen, an dem ihr Zorn über uns hereinbricht. Wer kann da bestehen?« (Offb 6,17).

5.7 Das siebte Siegel: sieben Posaunen

Mit dem Aufbrechen des siebten Siegels werden sieben vor Gott stehenden Engeln sieben Posaunen gegeben. Da mit dem siebten Siegel die ganze Schriftrolle geöffnet wird, ist das folgende Kapitel ein Unterkapitel des hier angesprochenen siebten Siegels. Es kündigt mit sieben Posaunenstößen die folgenden Ereignisse an:

1. Zerstörung der Vegetation.
2. Zerstörung der Meere und Meerestiere.
3. Zerstörung von Flüssen und Seen.
4. Sonne, Mond und Sterne verfinstern sich.
5. Aufstieg einer militärischen (?) Großmacht.
6. Aufstieg einer rivalisierenden Großmacht.
7. Die sieben letzten Plagen.

In Kommentaren wird oft über die prophetische Bedeutung von Worten und Zahlen der Johannesoffenbarung nachgedacht. Es werden Erde, Meer, Bäume, grünes Gras und Kraut, Gestirne etc. auch als Symbole für die menschliche Regierung, Gesellschaft, Wachstum und Ordnungen gesehen (Küpfer 2017). Was hindert uns daran, die prophezeiten Ereignisse einmal wörtlich zu betrachten?

Aus der heutigen Sicht des globalen Zustands kündigen die ersten vier Posaunen eher die Zerstörung des natürlichen Lebenserhaltungssystems der Erde an. Die mit den Posaunen angekündigten Zerstörungen und Ereignisse lassen zum Teil erschreckende Vergleiche mit dem heutigen Zustand unserer Erde zu. Diesen Umstand kann ich mit den Bedingungen in Zusammenhang bringen, die diesen Zustand herbeigeführt haben: die katastrophal missachtete Bewahrung der Schöpfung, menschen- und naturverachtende Entscheidungen in Regierungen und Gesellschaften, die sich meist auf das Selbst richten, von der eigenen Größe und Macht ausgehen oder ausbeuterische Konzernstrategien zur Maximierung von Profiten – um nur wenige Beispiele anzugeben.

Versehe ich eine ganze Reihe von katastrophalen Meldungen in jüngster Zeit mit dem Bild eines Posaunenstoßes, so kann ich auch hier den eingangs gezogenen Vergleich zu einem »Film« der Realität ziehen. Die Warnungen der Wissenschaftler dieser Welt sprechen in dieser Hinsicht eine klare Sprache (Abbildung 12). Der Zustand zentraler, lebenswichtiger Ressourcen der Erde befindet sich nicht nur in einem teilweise katastrophalen Zustand, insbesondere die drastischen Verschlechterungen innerhalb kürzester Zeit sollten aufhorchen lassen: Jede einzelne Teil-Aussage der Abbildung 12 könnte ich als solch einen Posaunenstoß betrachten, sogar ein ganzer Posaunenchor ließe sich daraus ableiten.

Eine aktuelle Untersuchung (Daniel et al. 2018) zeigt die Herausforderung der Menschheit, für über sieben Milliarden Menschen die grundlegenden menschlichen Bedürfnisse zu erfüllen. Am Beispiel der planetaren Grenzen für über 150 Nationen ließen sich rechnerisch möglicherweise elementare Grundbedürfnisse befriedigen, aber der eher zu erwartende Wunsch von Menschen nach hoher Lebenszufriedenheit auf der Basis heutiger Beziehungen lässt das zwei- bis sechsfache des nachhaltigen Niveaus erwarten. Oder, wie es früher schon einmal formuliert wurde »Wir leben so, als besäßen wir fünf Erden«. Das unangepasste Verhalten der Menschheit wird sich also deutlich ändern müssen, wenn ein dauerhaftes Leben auf dieser Erde möglich sein soll.

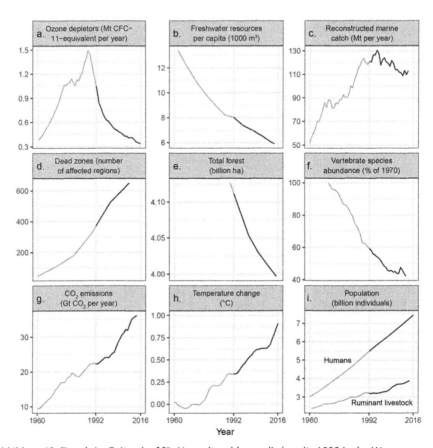

Abbildung 12: Trends im Zeitverlauf für Umweltprobleme, die bereits 1992 in der Warnung der Wissenschaftler an die Menschheit identifiziert wurden. Die prozentuale Veränderung seit 1992 für die Variablen in jedem Panel beträgt: (a) -68,1 %; (b) -26,1 %; (c) -6,4 %; (d) +75,3 %; (e) -2,8 %; (f) -28,9 %; (g) +62,1 %; (h) +167,6 % und (i) Menschen: +35,5 %, Wiederkäuer: +20,5 % (Quelle: World Scientists' Warning to Humanity 2017).

6 Die sieben Posaunen

Mit den sieben Posaunen werden die Hauptphasen der gegenwärtigen, von Gott abgefallenen Welt angekündigt (Off 8,6–9,21; 10,7; 11,14–18). Die Posaunen 1–4 betreffen den Lebensraum und die Lebensgrundlagen der Menschen. Die Posaunen 5–7 werden als drei Wehen bezeichnet und betreffen den Menschen selbst. Mit Posaunenstößen wird auf Ereignisse hingewiesen, die zeigen, dass es dem »Fürsten dieser Welt« (Joh 12,31) mit allerlei Methoden und aller Macht bereits gelungen ist, die Menschen konkret zu verleiten und die ihm verbliebene Zeit intensiv zu nutzen. Die Menschen werden so ein weiteres Mal zur Einsicht und Umkehr aufgerufen.

6.1 Zerstörung der natürlichen Lebensgrundlagen

>»Und der erste Engel blies seine Posaune; und es kam Hagel und
> Feuer, mit Blut vermengt, und fiel auf die Erde; und der dritte Teil
> der Erde verbrannte, und der dritte Teil der Bäume verbrannte, und
> alles grüne Gras verbrannte.« (Offb 8,7).

Diese Ankündigung legt nahe, unter anderen dahinter die Klimakatastrophe, die weltweite Vernichtung fruchtbarer Böden und die Abholzung der Regenwälder zu sehen. Auch wenn wir zukünftig noch erhebliche Verschärfungen dieser Entwicklungen erwarten müssen, zeigen die aktuellen Zahlen und Bilder bereits deutlich, wie weit die Entwicklung gediehen ist, die angekündigten Größenordnungen bereits eingetroffen sind oder es bald sein werden. Die Verwüstungen und Brände zerstören den Ertrag der Erde, den Menschen zum Leben brauchen. Durch die Beschreibung »mit Blut vermengt« wird ausgedrückt, dass Gewalt damit einhergeht, Leben (nicht nur die von Menschen) vernichtet werden.

Zunahme der Naturkatastrophen insgesamt

Weltweit ist ein markanter Anstieg der Ereignisse von Naturkatastrophen insgesamt festzustellen (Abbildung 13). Den weitaus größten Anteil an allen Ereignissen halten 2017 die meist durch den Klimawandel bedingten oder verstärkten 255 Stürme, 345 Überschwemmungen und 77 klimatologische Ereignisse wie Waldbrände, Dürren und Winterschäden. Die Schäden durch wetterbedingte Katastrophen brachen 2017 sogar die bisherigen Rekorde. Von den 10.000 Todesopfern entfielen 65 Prozent auf hydrologische Ereignisse, 16 Prozent auf meteorologische und sieben Prozent auf klimatologische Ereignisse (Munich Re 2018). Diese Todesrate korrespondiert mit der Formulierung im oben genannten Vers: »mit Blut vermengt«.

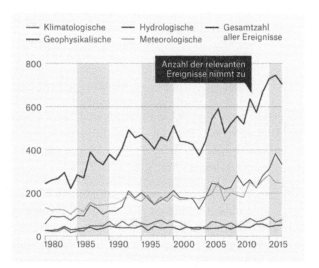

Abbildung 13: Naturkatastrophen 1980–2017, Gesamtzahl der Ereignisse (Quelle: Munich Re 2018, S. 53).

An einem Beispiel kann die deutliche Zunahme der Hagelereignisse über 25 Jahre abgelesen werden. Wobei die extremen Wetterlagen in den Jahren danach noch weiter gestiegen sind. Wir kennen die Bilder aus den Medien über fast tennisballgroße Hagelkörner mit verheerender Kraft, die enorme Schäden an Dächern, Kraftfahrzeugen, Ernten und anderen Sachen hervorrufen sowie Menschen verletzen.

Zukünftig wird man in Deutschland von einer Zunahme ausgehen müssen, wie Simulationen für den Zeitraum 2021–2050 zeigen (Kunz et al. 2017). Die Zahl wetterbedingter Naturkatastrophen hat sich in Deutschland seit 40 Jahren mehr als verdreifacht (Abbildung 14). Unwetter mit Starkregen haben 2016 fast zehnmal höhere Versicherungsschäden verursacht als im Vorjahr (Naturgefahrenreport 2017).

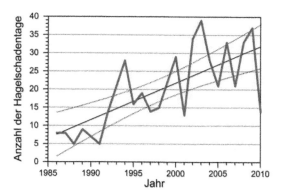

Abbildung 14: Anzahl der Hagelschadentage nach Gebäudeschäden in Baden-Württemberg (Quelle: KIT 2012).

Vordringen der Wüsten

»[...] und der dritte Teil der Erde verbrannte [...] und alles grüne Gras verbrannte«, als die erste Posaune geblasen wurde. Beobachtet man die weltweite Entwicklung der Vernichtung von fruchtbaren Böden durch Eingriffe des Menschen in das jeweilige Ökosystem durch Überweidung, Übernutzung, Abholzung, falsche Bewässerungsmethoden und andere Eingriffe, so sind bereits rund 35 Prozent der weltweiten Landoberfläche Wüstengebiete (BR 2018) – und jedes Jahr verliert die Erde fruchtbaren Boden in der Größe der deutschen Ackerflächen (12 Millionen Hektar), mit weiter steigender Tendenz (Wikipedia 2019 a). Dieses Vordringen von Wüsten wird mit Desertifikation bezeichnet.

Die Verseuchung von Böden durch Chemikalien, die bei der Gewinnung und Verarbeitung von Rohstoffen verwendet und anschließend »entsorgt« werden, kann bei diesem Thema nicht vernachlässigt werden. Zum Teil werden ganze Landstriche verseucht, wie der zweite gigantische Dammbruch in Brasilien in nicht einmal vier Jahren zeigt. Bereits am 5. November

2015 brach an einer Eisenerzmine der Damm eines Absetzbeckens und am 26. Januar 2019 wiederholte sich ein solcher Fall im gleichen Bundesstaat, wieder ist der gleiche Rohstoffkonzern damit verstrickt (Hecking 2019).

In den meisten Fällen sind es menschengemachte (gesellschaftliche) Ursachen, die zur Verseuchung, Wüstenbildung oder Degradation von Böden führen. Als plakatives Beispiel für die Überheblichkeit menschlicher Einflussnahme auf die Lebensgrundlagen dieser Erde gilt der Aralsee, ehemals das viertgrößte Binnengewässer (Abbildung 15). Durch eine aggressive Machtpolitik zapft man den Zuflüssen so viel zur Bewässerung der kasachischen und usbekischen Baumwollfelder ab, dass in den letzten 50 Jahren die Größe des Aralsees um mehr als 90 Prozent zurückgegangen ist und dieser sich jetzt als Wüste zeigt.

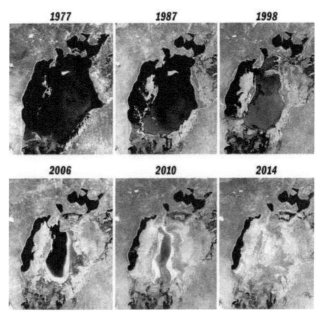

Abbildung 15: Wüstenbildung durch das Verschwinden des Aralsees (Quelle: Schakirow 2016).

Die weltweite Dimension der Verwundbarkeit (Vulnerabilität) von Flächen und Böden zeigt die Abbildung 16. Es gibt kaum Anzeichen für eine zukünftige Verringerung dieser fortschreitenden, meist menschengemachten Desertifikation.

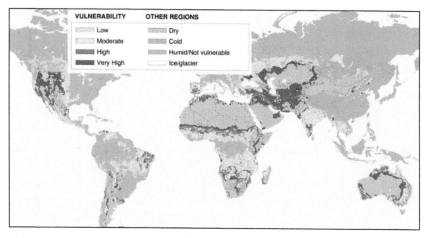

Abbildung 16: Globale Empfindlichkeitskarte der am stärksten von Desertifikation betroffenen Gebiete (Quelle: USDA 2003, Ausschnitt).

Was sind die Antriebskräfte solcher Entwicklungen? Am Beispiel des Klimawandels wissen wir seit mehr als 30 Jahren von den vielfältigen, grundlegenden Zusammenhängen zwischen der weltweiten Industrialisierung und dem Verbrennen fossiler Brennstoffe, der veränderten Landnutzung (zum Beispiel Fleischkonsum) sowie von der durch viele andere Faktoren hervorgerufenen zunehmenden Erderwärmung, insbesondere durch Treibhausgase. Allein die in den Jahren 1951–2010 beobachtete Erwärmung ist zu mehr als 50 Prozent direkt vom Menschen verursacht (IPCC 2016). Mehr denn je müssen wir uns heute fragen, warum wird trotz der lange vorliegenden, wissenschaftlich plausiblen Erkenntnisse und den immer drastischer prognostizierten zukünftigen Folgen – bei gleichzeitig immer stärker wahrnehmbaren aktuellen Extrem-Wetterlagen, die damit in Zusammenhang zu bringen sind – nicht wirksam gehandelt, um die Folgen zu begrenzen? In der Sicht des Johannes stehen diese Erscheinungen für die von Gott abgefallene Welt, in der »Fürst dieser Welt« (Joh 12,31) mit allerlei Methoden und aller Macht versucht, die ihm verbliebene Zeit zu nutzen (»Denn der Teufel kommt zu euch hinab und hat einen großen Zorn und weiß, dass er wenig Zeit hat.« Offb 12,12). Dies kann nachfolgend auch mit der Vernichtung der Regenwälder so gesehen werden.

Vernichtung der Regenwälder

»[…] und der dritte Teil der Bäume verbrannte.« Wälder bedeckten einst 60 Prozent der Landfläche der Erde. Heute sind es weniger als 30 Prozent (Focus 2009). Allein in den vergangenen beiden Jahrhunderten hat der Mensch mehr als die Hälfte der Wälder der Erde zerstört. Abbildung 17 zeigt anschaulich den immer weiter fortschreitenden Prozess der Vernichtung des Regenwalds in Brasilien durch Brandrodung. Auch in vielen anderen Regionen auf der Welt gibt es ähnliche Bilder. Jahr für Jahr werden derzeit 13 Millionen Hektar Wald vernichtet (überwiegend tropische und boreale Urwälder) und dadurch sechs Milliarden Tonnen Kohlendioxid freigesetzt. Etwa ein Viertel der weltweiten Kohlendioxid-Emissionen ist auf die Vernichtung von Wäldern – das Abholzen der Bäume und die Zerstörung der ehemaligen Waldböden – zurückzuführen.

Dies sind keine Naturereignisse, denen wir ahnungslos ausgesetzt sind; wir wissen über die treibenden Kräfte dahinter, um die Akteure und deren Motivation – wir müssten permanent erschaudern ob der Brutalität, mit der Ureinwohner bzw. indigene Völker vertrieben und zum Teil ermordet werden[14], um profitable Nutzungen zu erreichen. Ein Beispiel für die Realität gewordenen Bilder im Buch der Offenbarung?

---

[14] Aus der Vielfalt siehe z. B.: [https://www.pro-regenwald.de/8folgen; 20.01.2019] [https://de.blastingnews.com/politik/2018/02/vertreibung-und-ausrottung-durch-palmol-002341315.html; 20.01.2019] [https://www.zeit.de/wirtschaft/2011-02/palmoel-studie; 20.01.2019].

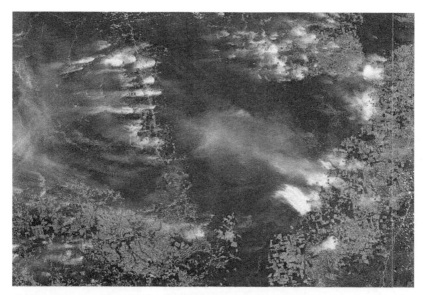

Abbildung 17: Brandrodung (rot markiert) im Bundesstaat Mato Grosso im Landesinneren Brasiliens (Bild: NASA).

6.2 Zerstörung der Meere und Meerestiere

»Und der zweite Engel blies seine Posaune; und es stürzte etwas wie ein großer Berg mit Feuer brennend ins Meer, und der dritte Teil des Meeres wurde zu Blut, und der dritte Teil der lebendigen Geschöpfe im Meer starb, und der dritte Teil der Schiffe wurde vernichtet.« (Offb 8,8f).

Verseuchung der Meere

Aus der Vielzahl der katastrophalen Einwirkungen auf die Meere sollen nur exemplarisch wenige Aspekte genannt werden. Als ein Posaunenstoß, welcher auch für das Bild der Offenbarung stehen könnte, lässt sich die Reaktorkatastrophe in Fukushima ansehen. Sie hat den weltgrößten Ozean in nur fünf Tagen radioaktiv verseucht, und es gelangt offensichtlich immer noch kontaminiertes Wasser hinein. Abbildung 18 zeigt eine Simulation, die die enorme Verbreitung der Verseuchung veranschaulicht. Inzwischen hat die Radioaktivität aus Fukushima längst die Küste von Nordamerika erreicht. Zwar findet im Pazifik insgesamt eine starke Verdünnung statt, aber wegen der bestehenden Lecks in der Anlage verbleibt eine stabile Kontamination im japanischen Küstenbereich (Neidhart 2014). Viele Fische starben.

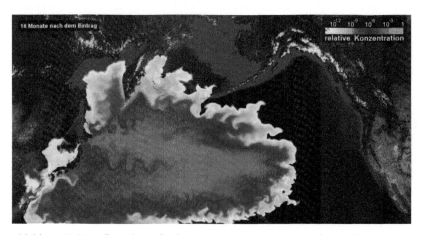

Abbildung 18: Verteilung des radioaktiven Cäsium-137 im Wasser des Pazifiks 16 Monate nach dem Atomunfall von Fukushima im März 2011; bläuliche Farbtöne zeigen Bereiche mit hoher Verdünnung an (Quelle: NOAA 2016).

Neben der zum Teil deutlichen Überfischung der Fischbestände sind Anreicherungen mit Bioziden, Schwermetallen und anderen Industriegiften in den Meerestieren heute weit verbreitet. Vielfältige Einkaufsratgeber und Verzehrempfehlungen wollen die Häufigkeit des Fischverzehrs beschränken oder Schwangere warnen. Problematisch sind insbesondere die nicht abbaubaren Stoffe, die sich über die Nahrungskette anreichern und so auch auf unserem Teller landen. So kann sich beispielsweise in Schwertfischen, die ein hohes Alter erreichen, das besonders giftige Methyl-Quecksilber anreichern. Giftige Substanzen wie Dioxin und andere Chlorverbindungen können sich ebenfalls im Körperfett der Fische sowie in der Fischleber anreichern. Dorschleber aus der Ostsee ist beispielsweise extrem belastet und Lachs aus der östlichen Ostsee erreicht bei Dioxin und organischen Chlorverbindungen (wie den polychlorierten Biphenylen – PCB) häufiger die festgelegten Grenzwerte (Gukelberger-Felix 2014). Zu beachten ist auch, dass die Hälfte des weltweiten Fischfangs an Nutztiere verfüttert wird, deren Fleisch für den menschlichen Verzehr bestimmt ist. Meist sind solche Kontaminationen nicht direkt tödlich, aber sowohl bei Tieren als auch beim Menschen oft Ursache für schleichende Vergiftungen und Krankheiten. Auch in der konventionellen Aquakultur werden Giftstoffe eingesetzt, zum Beispiel Ethoxyquin. Früher als Pflanzenschutzmittel verwendet und in der Europäischen Union seit vielen Jahren verboten, wird es nach wie vor dem Fischmehl (als Tierfutter) beigemischt, um dieses haltbar zu machen.

Waren die genannten Katastrophen räumlich oft eingrenzbar, muss in letzter Zeit der Blick auf ein weltumspannendes Problem gerichtet werden: die Vermüllung der Ozeane durch Plastikabfälle (Abbildung 19) und die Belastung aller Bereiche der Umwelt durch Mikroplastik (Schulz 2018). Diese menschengemachten Stoffe sind mittlerweile allgegenwärtig. Selbst im Menschen wurden sie schon nachgewiesen (Simmank & Stockrahm 2018).

Man kann den »sorglosen« Umgang mit Giftstoffen und deren Einleiten in Flüsse oder dem Verklappen im Meer einzelnen Verursachern bzw. Firmen oder Konzernen anlasten, die aus ökonomischen Erwägungen immer die einfachsten bzw. preiswertesten Lösungen suchen. Letztlich sind es aber die Nachfrager bzw. Konsumenten von Produkten, die auf das billigste Angebot zugreifen und oft damit die eigentlichen Auslöser für die Art der Produktion und viele Giftanreicherungen sind. Oder es werden Produkte und deren Zusammensetzung beim Kauf nicht hinterfragt, was in manchen Fällen mit der ToxFox-App möglich ist (BUND o. J.). Nicht zuletzt versagt der staatliche Schutzauftrag in vielen Fällen, da Hersteller und Betreiber auf die politischen Entscheidungsträger einwirken und strenge Vorgaben zum Schutz und zur Vorsorge aufweichen. Hinter diesen Mechanismen kann ich auch den Verführer ausmachen, der agierende Menschen motiviert, eigene und maximale Vorteile zu erzielen.

Abbildung 19: Verschmutzung der Ozeane. Vor allem riesige Mengen Plastikmüll sind ein Problem (Bild: pixabay).

Ausrottung der Fischbestände

Nahezu 85 Prozent der Bestände, darunter Thunfischarten, Rotbarsch, Scholle oder Nordseekabeljau und -makrele gelten nach Schätzungen der Food and Agricultural Organization (FAO) der Vereinten Nationen trotz internationaler Regelungen und Fangquoten als überfischt oder stehen unmittelbar davor.[15] Sollte sich an der Situation nichts ändern, werden laut Prognose die meisten Fischbestände bis zum Jahr 2048 kollabiert sein. Momentan sind laut FAO 90 Prozent maximal befischt oder sogar überfischt. In den EU-Gewässern sind inzwischen 88 Prozent der Fischbestände überfischt. Das blutrot gefärbte Meer wird auch alljährlich sichtbar, wenn entgegen den internationalen Empfehlungen einzelne Nationen an ihren Gewohnheiten festhalten (Abbildung 20).

---

[15] Siehe zur Problematik z. B. auch: [https://www.greenpeace.de/themen/meere/fischerei; 20.01.2019].

Abbildung 20: Alljährlich fallen vor der japanischen Küste rund 20.000 Delphine sowie andere Kleinwale einer blutigen Treibjagd zum Opfer (Welt 2010, Bild: picture-alliance/ dpa).

Problematisch an dieser Entwicklung ist einmal mehr der schleichende Fortgang, der Gewöhnungseffekte erzeugt und nicht aufhorchen lässt wie ein Posaunenstoß. Und es ist als Ursache der Mensch auszumachen, der die Bewahrung der Schöpfung (als unsere natürliche Lebensgrundlage) meist nicht im Sinn hat. Dem Gewinnstreben hörig, werden egoistische Strategien verfolgt. Dies gleicht dem Wesen des gefallenen Engels (siehe vorn Kapitel 2) und gilt sowohl für die Länder untereinander als auch für die einzelnen Betreiber von Schiffen und Fischfangflotten, wobei man im jeweiligen Einzelfall sicher auch differenzieren wird müssen.

»[…] und der dritte Teil der Schiffe wurde vernichtet.« (Offb 8,9)

Prognostiziert man diese Entwicklung nur auf wenige Jahrzehnte weiter, ist auch ein entsprechender Rückgang von Schiffen der Fischfangflotten sehr wahrscheinlich.

6.3 Zerstörung von Flüssen und Seen

»Und der dritte Engel blies seine Posaune; und es fiel ein großer Stern vom Himmel, der brannte wie eine Fackel und fiel auf den dritten Teil der Wasserströme und auf die Wasserquellen. Und der Name des Sterns heißt Wermut. Und der dritte Teil der Wasser wurde zu Wermut, und viele Menschen starben von den Wassern, weil sie bitter geworden waren.« (Offb 8,10f).

Mit dem Namen dieses Verhängnisses soll auf die daraus folgende Wirkung hingewiesen werden. Denn Wermut steht für Bitterkeit und Gift (Jer. 9,14). Dieses Thema hat eine quantitative und qualitative Seite, benannt mit Wasserknappheit und Wasserverschmutzung.

Wasserknappheit

Das Teilbild b) der Abbildung 12 oben zeigt zunächst die drastische Verschlechterung der Süßwasservorräte dieser Welt. Laut UN haben etwa 650 Millionen Menschen keinen Zugang zu sauberem Trinkwasser. Durch Raubbau, die Nutzung des Trinkwassers für einzelne Unternehmen und andere Entwicklungen wird die Menge des verfügbaren Trinkwassers künftig als das größte Problem auf dieser Erde anzusehen sein und besitzt ein hohes Konfliktpotenzial (Abbildung 15, Abbildung 21). Knapp die Hälfte der Weltbevölkerung wird im Jahr 2030 unter Wassermangel leiden (Jacobs 2017). Laut dem UN-Weltkinderhilfswerk UNICEF wird bis 2040 jedes vierte Kind betroffen sein (Schwarte 2017).

Wasserverschmutzung

Neben dem Mengenproblem kommt der Wasserqualität eine hohe Bedeutung zu. Je nach Erdteil oder Region muss die zum Teil erhebliche Verschmutzung und auch Vergiftung der Flüsse und Grundwasserressourcen beklagt werden.

Abbildung 21: Weltweite Konflikte durch Wasserknappheit (Quelle: WWF 2012).

Schaut man auf Europa mit einem rechtlichen Schutzsystem, gelten etwa ein Drittel der Flüsse in Deutschland als kritisch belastet. Insbesondere durch den Eintrag von Stickstoff und Phosphaten aus der Landwirtschaft ist die Nährstoffbelastung in Deutschland so hoch, dass ein Drittel des Grundwassers bereits verschmutzt ist (Umweltbundesamt 2017). Knapp die Hälfte der europäischen Flüsse und Seen ist so stark mit Chemikalien durchsetzt, dass eine Gefahr für Lebewesen besteht (Nestler 2014). Hinzu kommt, dass sich zwei Drittel der europäischen Gewässer in keinem guten ökologischen Zustand befinden (EEA 2018).

Wenn selbst in europäischen Regionen Gewässer verschmutzt sind, die mit einem rechtlichen Schutzsystem ausgestattet sind, wie sieht es dann dort aus, wo solche Regulierungen nicht vorhanden sind oder in der Regel versagen? Über zwei Millionen Tonnen Abwasser sowie industrieller und agrarischer Abfall werden weltweit in Gewässern entsorgt (Bidault 2017). Zum Beispiel ist ein Drittel der Flüsse und Seen Chinas laut einer Studie für Menschen nicht nutzbar, 60 bis 80 Prozent des Grundwassers sind verschmutzt (The Nature Conservancy 2016). Abbildung 22 soll nur einen

exemplarischen Eindruck von der Dimension dieser Verschmutzung vermitteln. Man darf annehmen, dass die heutige Realität mit diesem Posaunenstoß längst beschrieben wird.

Abbildung 22: Wasserverschmutzung in China (Bild: iStock, Toa55).

6.4 Sonne, Mond und Sterne verfinstern sich

»Und der vierte Engel blies seine Posaune; und es wurde geschlagen der dritte Teil der Sonne und der dritte Teil des Mondes und
der dritte Teil der Sterne, sodass ihr dritter Teil verfinstert wurde
und den dritten Teil des Tages das Licht nicht schien und in der
Nacht desgleichen.« (Offb 8,12).

Bereits mit der Öffnung des sechsten Siegels wurde die Verfinsterung der
Sonne angesprochen (siehe Kapitel 5.6). Auch der Prophet Joel schreibt:

»Und ich will Wunderzeichen geben am Himmel und auf Erden:
Blut, Feuer und Rauchdampf. Die Sonne soll in Finsternis und der
Mond im Blut verwandelt werden, ehe denn der große und schreck-
liche Tag des Herrn kommt [...] Wer des Herrn Namen anrufen
wird, der soll errettet werden.« (Joel 3,3–5).

Sieht man auf die Situation in Europa, beispielsweise nach London mit verheerender Smogepisode und Tausenden Todesopfern 1952 (Wikipedia

2018 a) oder auch auf die sechziger Jahre im Ruhrgebiet, so steht auch dieser Posaunenstoß für den real eingetretenen Zustand einer blinden Ausbeute natürlicher Ressourcen, hier insbesondere der Atemluft. Das oben in der Abbildung 11 sichtbare Drama der Luftverschmutzung kann so auch für das hier genannte Bild der Offenbarung stehen. Als ein Trompetenstoß zur Warnung vor einem zu Lasten von Mensch und Umwelt wirtschaftenden System, welches fortwährenden Konsum und Wachstum von Wirtschaftsleistungen als Glaubensersatz und Lebensziel verkauft. Und uns ablenken will, dahinter die geschickten und machtvollen Versuche des Verführers zu sehen (siehe hierzu auch Kapitel 7.4).

6.5 Zusammenfassung der ersten vier Posaunen

Die ersten vier Posaunen zeigen, dass »der ganze Kosmos aus seiner Ordnung geworfen worden« ist (Lohse 1993, S. 58). Wenn die hier mit aktuellen Daten interpretierten Bilder bereits vor fast 2.000 Jahren so deutlich gesehen wurden, kann ich das kaum als nebensächlich abtun. Eine solche Glaubwürdigkeit biblischer Aussagen findet sich rückblickend beispielsweise auch in der Schöpfungsgeschichte: die dort enthaltenen Details zur Entstehungsgeschichte der Erde wurden bereits vor Jahrtausenden beschrieben, als noch kein Mensch etwas wusste von den erst heute naturwissenschaftlich belegbaren Vorgängen bei der Entwicklung unseres Planeten und des Lebens darauf (Keller o. J.). Insofern können die biblischen Aussagen ein starkes Gewicht entfalten, wenn vor der nächsten Posaune in der Offenbarung verkündet wird:

> »Weh, weh, weh denen, die auf Erden wohnen wegen der anderen Posaunen der drei Engel, die noch blasen sollen.« (Offb 8,13).

Ziel der Plagen ist die Aufforderung zur Umkehr der Menschen, aber diese halten weiter am Götzendienst fest. Dieser Einschnitt in der Abfolge der Prophezeiungen soll auch hier Anlass sein, einmal zusammenfassend die bisherigen Zerstörungen zu beschreiben, um das Ausmaß nicht nur in einzelnen Facetten, sondern in Gänze darstellen zu können.

Unter den vielen zusammenfassenden Betrachtungen aus wissenschaftlicher Sicht hat sich die in der Abbildung 23 anschaulich nachvollziehbare Störung und Übernutzung planetarer Grenzen durchgesetzt. Das Verlassen des sicheren Handlungsraumes mit nachvollziehbar begründeter Limitierung natürlicher Lebensgrundlagen zeigt deutlich, wie enorm einzelne Überschreitungen bereits vorangeschritten sind und wie stark noch nicht erreichte Grenzen bereits ausgeschöpft sind. Dieses Bild kann ich als einen solchen Posaunenstoß deuten, der wachrütteln will und zur Umkehr mahnt.

Andere Berechnungen des Global Footprint Network zeigen, dass die für das Jahr 2018 zur Verfügung stehenden natürlich Ressourcen weit vor dem Jahresende aufgebraucht sind: Am 1. August 2018 ist bereits *Welterschöpfungstag* (Global Footprint Network 2018), sieben Tage früher als noch im Jahr 2016. Für Deutschland liegt dieser Tag bereits auf dem 2. Mai. Der zeitliche Konflikt wird in der Abbildung 24 deutlich, wonach mit zunehmender Bevölkerungszahl zu erwarten ist, dass auch eine zunehmende Nachfrage nach Ressourcen entsteht, mithin die Erschöpfung immer zeitiger eintreten muss. Lebten im Jahr 2010 noch 6,9 Milliarden Menschen auf der Erde, prognostiziert die UNO bis zum Jahr 2100 im mittleren Szenario 11,2 Milliarden Menschen (BPB 2017 b). Anspruchsvolle Medien thematisieren seit geraumer Zeit diese Diskrepanz. Themen wie Suffizienz und Nachhaltigkeit nehmen bei verschiedenen Verbänden und Vereinigungen eine zentrale Stellung ein. Durch eine *Große Transformation* hofft man beispielsweise in Deutschland, eine Trendwende zu erreichen (WBGU 2011, Transformationskongress 2012).

Wie zu Beginn angedeutet, erfolgt diese Rechnung aber weitgehend ohne die Macht des Verführers, der letztlich erst unschädlich gemacht werden muss. Im konkreten Fall wäre das der Wachstumsfetisch, der insbesondere durch technische Neuerungen erst möglich wird (zum Beispiel effizienter Rohstoff- oder Energieeinsatz). Meist treten aber Rückkopplungs-Effekte (Rebound-Effekte) auf, was heißt, dass der Rohstoff- oder Energieeinsatz beim einzelnen Produkt zwar verringert wird, aber die nachgefragte Menge nach diesen Produkten – nicht zuletzt durch einen nun »ökologischeren Anstrich« – erhöht wird. Eine wirksame Trendwende lässt sich dadurch kaum erreichen. Die Fülle der meisten technischen Anstrengungen (weiter, schneller, besser) spielt einerseits der Beschleunigung in die Hände, andererseits zieht sie auch erhebliche Aktivitäten auf sich und entzieht so Zeit für Besinnung, Begrenzung, notwendigen Verzicht. Ist die Technik»gläubigkeit« einer der Treiber, um von den anderslautenden Botschaften der Bibel abzulenken?

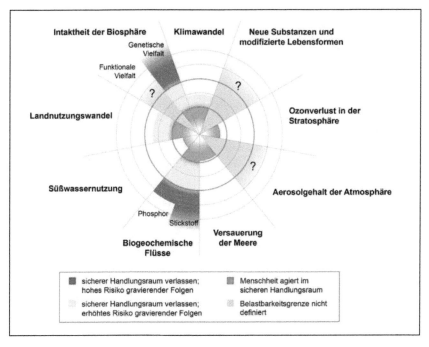

Abbildung 23: Die planetaren Belastbarkeitsgrenzen, Gefährdung der Funktionsfähigkeit von natürlichen Ökosystemen durch Umweltbelastungen (Quelle: Steffen et al. 2015, übersetzt).

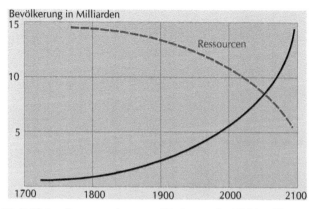

Abbildung 24: Zeitlicher Zusammenhang von Wachstum der Weltbevölkerung und verfügbaren Ressourcen (eigene Darstellung).

Die zentralen Veränderungen sind insbesondere im jüngsten Zeitalter seit der Industrialisierung und Technisierung sichtbar und wirksam geworden, was mit dem neuen Begriff »Anthropozän« bezeichnet wird. In diesem Zeitalter ist der Mensch zu einem der wichtigsten Einflussfaktoren hinsichtlich der biologischen, gesellschaftlichen und atmosphärischen Prozesse auf der Erde geworden. Die Abbildung 25 zeigt an ausgewählten Beispielen die rapide Zunahme einzelner zentraler Faktoren der Entwicklung, wie sie auch oben in Abbildung 12 bereits (für einen kürzeren Zeitraum) dargestellt sind.

Die enorme Beschleunigung, mit der die Menschheit auf die uns zur Verfügung gestellte Schöpfung einwirkt, wird annähernd deutlich, wenn man sich die Zeitskala der Erdentstehung (sie beginnt vor etwa 4,5 Milliarden Jahre) übertragen vorstellt auf ein Jahr, und wir uns in diesem Jahr kurz vor Silvester am Ende des Jahres befinden (Abbildung 26). Dann hat vor einigen Stunden der aufrechte Gang des Menschen begonnen, seit einer Stunde stellt er erste Werkzeuge her, macht Feuer, es beginnt die Sprachentwicklung. Seit gut einer Minute geht der Mensch vom Sammler und Jäger zu Ackerbau und Vorratshaltung über, vor 14 Sekunden fand die Geburt Jesu Christi statt. Und vor einigen Zehntelsekunden haben wir begonnen und jetzt ist bereits die Hälfte aller Erdölvorräte der Welt verbrannt.

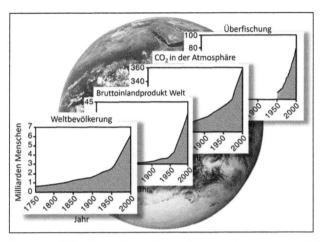

Abbildung 25: Ausgewählte globale Umweltveränderungen des Industriezeitalters (eigene Darstellung nach Paeger 2014 und Steffen et al. 2004).

Ebenso dramatisch ist die in kurzer Zeit zu beobachtende Veränderung der Biosphäre. So zeigen aktuelle Zahlen aus dem WWF-Weltzustandsbericht 2018 (Lüning 2018), dass es im Vergleich zum Jahr 1970 heute 60 Prozent weniger in der Wildnis lebende Wirbeltiere auf der Welt gibt. Eine andere Studie (Hallmann et al. 2017) zeigt, dass die Biomasse der Insekten in Deutschland in den vergangenen knapp 30 Jahren um etwa 75 Prozent gesunken ist. Dies ist auch in der globalen Dimension erschreckend: Nach Auswertung von 73 Studien weltweit sehen die Autoren das Insektensterben als das größte Aussterben seit der Perm- und Kreidezeit (Recber 2019). Ursachen werden in den menschlichen Aktivitäten (wie z. B. Landverbrauch, intensivierte Landwirtschaft und Pestizideinsatz, Wachsen der Städte) gesehen.

Man kann allerhand sachliche Erklärungen über die Triebkräfte dieser globalen Umweltveränderungen finden (Paeger 2014): Insbesondere ist der mit der wirtschaftlichen Prosperität gestiegene Wohlstand des reichen Anteils auf der Nordhalbkugel und der Anstieg der menschlichen Bevölkerung insgesamt zu nennen. Auch die intensivere Bewirtschaftung, der höhere Wasserverbrauch und die Zunahme des Verbrauchs vieler anderer Ressourcen stehen dahinter. Es kann allerdings im Sinne der Bibel auch danach gefragt werden, ob diese stetigen Steigerungen und auch Beschleunigungen von Entwicklungen ein sichtbares Zeichen einer aus den Fugen geratenen Welt sind und hier ein Übermaß an negativen Kräften am Werk ist:

> »Weh aber der Erde und dem Meer! Denn der Teufel kommt zu euch hinab und hat einen großen Zorn und weiß, dass er wenig Zeit hat.« (Offb 12,12).

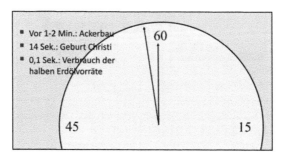

Abbildung 26: Erdgeschichte im Zeitstrahl eines Jahres (eigene Darstellung).

Die eingangs als zweites Beispiel erwähnte Beschleunigung (Kapitel 1) zeigt sich insbesondere bei diesen ersten vier Posaunen. Die stetige Aufmerksamkeit von Menschen ohne Ruhepausen führt in einem positiven Rückkopplungsprozess zu einer Symptom-Verstärkung: der moderne Mensch hält Stille nicht mehr aus, er entflieht der Ruhe. Viele Studien dagegen belegen, dass Meditation, Muße und dergleichen die kognitiven Leistungen verbessert, dass Besinnung und Konzentration auf sich selbst helfen, Ängste zu überwinden. Stille steigert die Fähigkeit, neue Ideen zu entwickeln, kreativ zu sein. Andernfalls steigen Risiken für Herzinfarkt, Diabetes und Demenz. Hier darf ich fragen, ob und wie dahinter der Versucher steht, der uns von einer Besinnung auf unsere Trennung zu Gott und der Überwindung dieser mangelhaften Beziehung durch den Auferstandenen ablenken will.

Es kann auch die Frage gestellt werden, inwieweit Veränderungen des menschlichen Verhaltens heute gegenüber früheren Zeiten dem permanenten Cocktail durch gesundheitlich zum Teil äußerst problematische Substanzen, Strahlen etc. zuzuschreiben sind, die durch Nahrung, Trinkwasser oder die Luft auf uns einwirken. Hierzu sei nur ein einziges Beispiel zur Verdeutlichung angesprochen: man hat Haarproben genommen und auf 30 in der EU-zugelassene Pestizide getestet, die alle auch hormonverändernde Eigenschaften (so genannte Endokrine Disruptoren) besitzen. Endokrine Disruptoren können schon durch geringste Mengen tiefgreifende Veränderung des menschlichen Hormonsystems bewirken und u. a. zu Entwicklungsstörungen, Unfruchtbarkeit und neurologischen Erkrankungen führen. In 60 Prozent der Proben wurden eindeutige Rückstände dieser hormonverändernden Pestizide gefunden. In jeder zweiten Testperson findet man substantielle Mengen endokriner Disruptoren im Körper (Giegold 2018). Diese und die kaum überschaubare Vielzahl weiterer Stoffe in uns und unserer Umwelt sind letztlich Menschenwerk, in vielen Fällen auch mit dem Ziel der Bereicherung (Gewinnsucht) verbunden, ohne frühzeitig, transparent und ehrlich nach den möglichen Folgen zu suchen. Genau dies spielt in die Hände des Versuchers.

Zusammenfassend kann man sehen und erwarten, dass die bisherige besorgniserregende Entwicklung die Menschen kaum dazu bewegt, diesen in den Abgrund führenden Weg zu verlassen. Auch eine Reue ist selten zu sehen, selbst wenn die Dinge immer stärker aus dem Ruder laufen und die Menschen von noch schlimmeren Übeln getroffen werden. Über allem steht aber nach wie vor die Gnade Gottes:

> »So wahr ich lebe, spricht Gott der HERR: ich habe kein Gefallen am Tode des Gottlosen, sondern dass der Gottlose umkehre von seinem Wege und lebe. So kehrt nun um von euren bösen Wegen. Warum wollt ihr sterben, ihr vom Hause Israel?« (Hes 33,11).

6.6 Aufstieg einer zerstörerischen Macht

Nachdem die ersten vier Posaunen sich gegen die natürlichen Lebenserhaltungssysteme erheben, wird nun der gottlose Mensch das Ziel, angeführt von einem Herrscher, dessen Name »Untergang, Vernichtung, Abgrund« ist (auf Hebräisch: *Abaddon*):

»Und der fünfte Engel blies seine Posaune; und ich sah einen Stern, gefallen vom Himmel auf die Erde; und [...] er tat den Brunnen des Abgrunds auf, und [...] aus dem Rauch kamen Heuschrecken auf die Erde, und ihnen wurde Macht gegeben, wie die Skorpione auf Erden Macht haben. Und es wurde ihnen gesagt, sie sollten nicht Schaden tun dem Gras auf Erden noch allem Grünen noch irgendeinem Baum, sondern allein den Menschen, die nicht das Siegel Gottes haben an ihren Stirnen. Und ihnen wurde Macht gegeben, nicht dass sie sie töteten, sondern sie quälten fünf Monate lang [...] Und die Heuschrecken sahen aus wie Rosse, die zum Krieg gerüstet sind, [...] und hatten Panzer wie eiserne Panzer, und das Rasseln ihrer Flügel war wie das Rasseln der Wagen vieler Rosse, die in den Krieg laufen [...]; Sie hatten über sich einen König, den Engel des Abgrunds, sein Name heißt auf Hebräisch Abaddon [...].« (Offb 9,1–11).

Die sich durch die ökologischen Katastrophen verschärfenden Lebensbedingungen auf der Erde durch Klimawandel, zur Neige gehende Rohstoffe, Wasserknappheit etc. legen nahe anzunehmen, dass Verteilungskämpfe stattfinden werden. Kriege der Nationen untereinander um strategische Zugänge hat es schon immer gegeben. Die kriegerischen Auseinandersetzungen um die erdölfördernden Länder der arabischen Welt in den vergangenen Jahren (als Beispiel sei der Irakkrieg genannt) zeigen auch die mögliche Dimension solcher Auseinandersetzungen durch die moderne Waffentechnik. Es mag müßig sein darüber zu spekulieren, welche Macht aus welchem Erdteil sich gegen wen erhebt (manche Kommentare zu diesem Kapitel sehen da klare geographische Bezüge). Entscheidend dürfte sein, dass viele Menschen betroffen sein werden und in Bedrängnis geraten und sehr viel Leid entsteht.

Mit dem vom Himmel auf die Erde gefallenen Stern wird der »Fürst dieser Welt« (der Satan, siehe Kapitel 2) gemeint sein, der als Engel des Abgrunds mit Macht über die Finsternis das göttliche Licht von der Erde verschwinden lässt. Er hat die Macht, seinen Einfluss über die Welt auszubreiten. Aus diesem Abgrund werden Werkzeuge satanischer Macht ausgestoßen, so eine allgemeine Interpretation (Darby 2017). Es ist wohl davon auszugehen, dass hier große Armeen eine entsprechende Wirkung hervorrufen. Die Plage der fünften Posaune könnte man aktuell mit dem Arsenal moderner chemischer und biologischer Waffen sowie militärischer Fluggeräte (z. B. Kampfhubschrauber) interpretieren (Abbildung 27). Heute, 2.000 Jahre nach dem Verfassen dieses Buches fällt es uns leichter, die etwas umständliche Beschreibung der »Heuschrecken« und die lediglich auf den Menschen gerichteten Plagen vorzustellen. Gerade die weit entwickelten Möglichkeiten atomarer, chemischer und biologischer sowie reiner Strahlenwaffen (wie elektromagnetische Waffen, Neutronenbombe) lassen es heute als »normal« erscheinen, dass darunter in erster Linie Menschen leiden, die »nicht Schaden tun dem Gras auf Erden noch allem Grünen noch irgendeinem Baum«. Dazu bieten die vielfältigen chemischen und biologischen Kampfstoffe ein reiches Potenzial für quälende Krankheiten oder Verletzungen (Abbildung 28).

Abbildung 27: Schwerer Kampfhubschrauber vom Typ Apache (Bild: pixabay).

Es braucht wohl wenig Fantasie sich vorzustellen, wie schnell eine weltpolitische Situation heute eskalieren kann, die alles in einen solchen Abgrund zieht. Immer wieder kann beobachtet werden, dass in kürzester Zeit heute zweifelhafte Herrscher an die Macht kommen, die noch vor wenigen Jahren undenkbar waren. Das beschriebene Szenario könnte also jederzeit Wirklichkeit werden. Oder die vielen kriegerischen Phasen der Vergangenheit und Gegenwart stehen bereits für diese Prophezeiung.

»Und in jenen Tagen werden die Menschen den Tod suchen und nicht finden, sie werden begehren zu sterben, und der Tod wird von ihnen fliehen.« (Offb 9,6).

Abbildung 28: Katastrophenübung, zerborstenes Fass mit biologischen Giftstoffen (Bilder: pixabay).

6.7 Aufstieg einer weiteren Macht

»Und der sechste Engel blies seine Posaune; [...] Und es wurden losgelassen die vier Engel, zu töten den dritten Teil der Menschen. Und die Zahl des reitenden Heeres war vieltausend mal tausend. Und so sah ich die Rosse und die darauf saßen: Sie hatten feuerrote und blaue und schwefelgelbe Panzer, und [...] aus ihren Mäulern kam Feuer, Rauch und Schwefel. Von diesen drei Plagen wurde getötet der dritte Teil der Menschen [...].« (Offb 9,13–19).

Mit der sechsten Posaune wird eine weitere Macht genannt. Die dort beschriebenen »*vier Engel, die gebunden sind an dem großen Strom Euphrat*« werden auch als Engel des Abgrunds bezeichnet, an der Ostgrenze des alten römischen Reiches angebunden. Sie werden nun losgelassen. Ein mögliches Bild für die in der historisch belegten Menschheitsgeschichte etwa 14.400 geführten Kriege, denen ungefähr 3,5 Milliarden Menschen zum Opfer gefallen sind (Wikipedia 2019 b). Die heutigen Kriegsinstrumente wie Panzer, Raketen und Kampfflugzeuge, aus deren »Mäulern Feuer, Rauch und Schwefel kommt«, könnte ich hinter dem Vokabular sehen (Abbildung 29).

Ein charakteristisches Merkmal des Militärs zeigt sich auch im Gleichschritt (Abbildung 30). Solche Strukturen kennzeichnen das Gegenteil von Individualität in der Schöpfung Gottes: jedes Blatt eines Baumes ein Unikat, jeder Mensch ein eigenes, individuelles Wesen – die Uniform und der Gleichschritt als eine nicht von Gott gewollte »Gleichschaltung« von Menschen?

Alle kriegerischen Gräuel, Vertreibungen, Verwundungen, Tote ändern wohl nichts an der unnachgiebigen Haltung der Menschen; Unglauben und Abkehr beherrschen bei Johannes weiterhin das Feld:

> »Allerdings änderten auch die übrigen Menschen sich nicht, die durch diese Plagen nicht getötet worden waren. Sie hörten nicht auf, die Dämonen anzubeten und die Götzenbilder aus Gold, Silber, Bronze, Stein oder Holz. [...] Sie änderten sich nicht: sie hörten nicht auf mit ihrem Morden, ihrer Zauberei, ihrer Unzucht und ihren Diebstählen.« (Offb 9, 20–21).

Abbildung 29: Deutsche Panzerhaubitze 2000 (n-tv 2013, Bild: picture alliance/dpa).

Abbildung 30: Parade im Gleichschritt (Bild: pixabay).

Die bisher aufgeführten, verschiedenartigen Gerichte und Versuchungen lohnt es näher zu hinterfragen, auf das Heute und mich persönlich Betreffende zu übertragen, zu konkretisieren. Denn wenn wir auch die generellen und globalen Probleme beklagen, so sind die Auslöser der Entwicklungen insgesamt ja konkret handelnde individuelle Menschen. Und jeder einzelne Mensch muss sich dem eingangs genannten Widerspruch stellen: was ist gut und was ist böse an dem, was ich tue? Wie weit bin ich vom Zuspruch Gottes entfernt, wer oder was hält mich von seiner Annahme und Gnade in Jesu am Kreuz ab? Ich darf einfach mal das eigene Gewissen spielen lassen. Hilfe dazu gibt es auch im Gebet.

7 Die Vollendung des Geheimnisses

7.1 Die siebte Posaune

Die siebte Posaune erlangt eine besondere Bedeutung im Buch der Offenbarung. Zum einen nimmt der zugehörige Text einen sehr großen Anteil ein und zum anderen wird mit ihr ein gewisser Höhepunkt angekündigt:

>»In den Tagen, wenn der siebente Engel seine Stimme erheben und seine Posaune blasen wird, dann ist vollendet das Geheimnis Gottes, wie er es verkündigt hat seinen Knechten, den Propheten.«
>(Offb 10,7).

Als die letzte Posaune verkündigt sie, dass nun keine Frist mehr sein wird und alles einem endgültigen Abschluss entgegengeht – der Zeitpunkt der Offenbarung göttlicher Macht steht bevor. Vor dem angekündigten Abschluss spricht Kapitel elf zunächst davon, dass zur Zeit des Endes in Jerusalem zwei Zeugen Gottes auftreten werden, die mit großer Macht ausgestattet eine lange Zeit (beschrieben werden dreieinhalb Jahre) das Evangelium verkünden. So wird der Menschheit Gelegenheit gegeben, die Botschaft wahrzunehmen. Im Zuge der modernen Kommunikationsmittel darf erwartet werden, dass quasi alle Menschen diese Botschaft wahrnehmen können. Danach werden die Propheten getötet werden durch das Tier (siehe nachfolgendes Kapitel 7.2) und die säkularisierte Welt wird sich heftig darüber freuen. Allerdings werden diese zwei Zeugen danach auferstehen und mit einem großen Erdbeben so gen Himmel fahren, dass es auch deren Feinde sehen.

Die siebte Posaune kündigt dann die Wiederkunft Christi und die Belohnung der gerechten Diener Gottes an:

>»Dann ließ der siebte Engel die Trompete erschallen. Da erhoben sich im Himmel laute Stimmen. Sie riefen: ›Jetzt gehört die Herrschaft über diese Welt endgültig unserem Herrn und seinem Christus. Er wird nun für immer ihr König sein.‹« (Offb 11,15).

In Kapitel zwölf der Offenbarung wird ein Überblick über den Gang der Ereignisse gegeben, in dem die Heiligen zur Unsterblichkeit auferstehen. Mit einem geschichtlichen Überblick des Kampfes Satans gegen Gott und seine Gemeinde bzw. sein Volk (biblisch symbolisiert mit dem Bild einer Frau) wird von der Geburt Jesu aus gezeigt, dass Er und Gottes auserwähltes Volk Ziele des Satans sind. Letztlich gipfelt dies in der Aussage:

»Dann brach im Himmel ein Krieg aus: Michael und seine Engel kämpften gegen den Drachen. [...] Aber er konnte den Kampf nicht gewinnen. Und im Himmel gab es keinen Platz mehr für sie. Der große Drache wurde hinabgestoßen – die Schlange aus uralter Zeit, die auch ›Teufel‹ oder ›Satan‹ genannt wird. Sie verführt die ganze Welt zum Abfall von Gott. Der Drache wurde also auf die Erde hinabgestoßen, und ebenso erging es seinen Engeln. Dann hörte ich im Himmel eine laute Stimme. Sie rief: ›Jetzt ist die Rettung da! Unser Gott hat seine Macht gezeigt und die Königsherrschaft angetreten. Und sein Christus hat Vollmacht bekommen. [...]‹« (Offb 12,7–10).

Dieser scheinbar ewige Kampf zwischen Gut und Böse ist letztendlich entschieden, das Böse ist besiegt. Was für eine herrliche Vision im letzten Buch der Bibel. Höllensturz wird dieser Krieg zwischen dem Erzengel Michael und dem Drachen auch genannt. Neben Daniel (12,2–3) beschreibt Apostel Paulus die in Kapitel zwölf der Offenbarung dargelegten Ereignisse mit folgenden Worten:

»Seht doch, ich weihe euch hier wirklich in ein Geheimnis ein: Wir werden nicht alle sterben, wir werden aber alle verwandelt werden. Das geschieht ganz plötzlich, in einem Augenblick, beim letzten Trompetenstoß: Die Trompete wird erschallen – da werden die Toten zu unvergänglichem Leben erweckt. Und gleichzeitig werden wir verwandelt. Denn was vergänglich ist, muss die Unvergänglichkeit anziehen – wie ein neues Kleid. Und was sterblich ist, muss sich in Unsterblichkeit kleiden. So hüllt sich das Vergängliche in Unvergänglichkeit und das Sterbliche in Unsterblichkeit. Wenn das geschieht, geht das Wort in Erfüllung, das in der Heiligen Schrift steht: ›Der Tod ist vernichtet! Der Sieg ist vollkommen! Tod, wo ist dein Sieg? Tod, wo ist dein Stachel?‹« (1. Kor 15,51–55).

Mit der siebten Posaune steht die Erfüllung der Prophezeiungen bevor. Diese beinhaltet mit den Schalen des Zorns die sieben letzten Plagen. Damit erreicht Gottes Gericht seinen Höhepunkt. Nicht sonderlich tröstlich erscheint da die Aussage, dass sich der Zorn des Drachen auch gegen diejenigen richtet, die Gottes Gebote halten und bereit sind, als Zeugen für Jesu einzutreten (Offb, 12,17). Hiervor hat Christus (Mt 24,9) bereits gewarnt

»Dann wird man euch in große Not bringen und sogar töten. Alle Völker werden euch hassen, weil ihr euch zu mir bekennt.«

Der eingangs erwähnten Wachsamkeit vor den vielen Verführungen, Verfolgungen oder falschen Propheten wird in dieser letzten Phase eine hohe Bedeutung zukommen. Letztlich werden die echten Diener Gottes aber ihren Lohn erhalten und mit Christus regieren (siehe Kapitel 10).

7.2 Das erste Tier: die weltlichen Machthaber

Das dann folgende Kapitel 13 der Offenbarung erschließt sich einem erst nach dem Blick in frühere Aussagen, etwa bei Daniel (7,4–6 bzw. 8,19–25). Denn das aus dem Meer aufsteigende Tier symbolisiert offensichtlich weltliche Herrscher und Mächte. Bei Daniel steht dieses Tier als Symbol für die Reiche Babylon, Persien und Griechenland.[16]

»Dann sah ich ein Tier aus dem Meer heraufsteigen. [...] Und auf seinen Köpfen standen Namen, die eine Gotteslästerung darstellten. [...] Der Drache verlieh ihm seine Kraft, seinen Thron und große Vollmacht. [...] Die Menschen beteten den Drachen an, weil er dem Tier Vollmacht gegeben hatte. Und auch das Tier beteten sie an. [...] Das Tier wurde ermächtigt, mit seinem Maul das große Wort zu führen und Gott zu lästern. [...] Dann wurde es ermächtigt, gegen die Heiligen zu kämpfen und sie zu besiegen. [...] Hier ist von

---

[16] In Offb 17,5 wird das große Babylon die Mutter der Hurerei und aller Gräuel auf Erden genannt.

den Heiligen Standhaftigkeit und Glaube gefordert.« (Offb 13,1–10).

Das Tier gilt als Feind von Gottes Volk und steht im Gegensatz zu Christus, ist falscher Christus, Antichrist (Mt 24,24; Mk 13,22; 1. Joh 2,18,22). Damit sind Machthaber angesprochen, die göttliche Verehrung ihrer Person fordern und nach der Seele der Menschen greifen (Ideologen), was allerdings kein Mensch beanspruchen darf (Mt 22,21) (Löhde 2018).

Es mag müßig sein, akribische Interpretationen anhand alttestamentlicher Schriften anzustellen, welche Machthaber und Reiche sowohl früher als auch heute damit gemeint sein könnten (wie dies einige Kommentatoren der Offenbarung tun). Vielmehr scheint es den Wesenszügen des Verführers zu entsprechen, dass er in der von ihm säkularisierten Welt heute mit ihren Machthabern, den Werkzeugen seines Wirkens, all das erreicht, was gegen die christliche Botschaft gerichtet ist. Denn längst können in einer globalisierten Welt heute die geographischen Bezüge und Machtzusammenhänge aus früheren Zeiten nicht einfach in das Heute übertragen werden. Zumal viele Bilder der Offenbarung dazu angetan sind, immer wieder neu das Wesen der Aussagen zu erfassen. Man wird eher auf den Kern des Verhältnisses zwischen der befreienden Botschaft des liebenden und vergebenden Gottes einerseits und seinem Widersacher andererseits eingehen müssen. Denn ein von Christus am Kreuz erlöster, von seiner Schuld befreiter Mensch versucht, sich den Fängen des Versuchers zu entziehen. Also wird dieser als Antichrist alles daransetzen, solche Freiheit zu beschneiden, Zeiten zur Besinnung einzugrenzen, die Gedanken mit allerlei Kram zuzumüllen und vieles andere mehr.

In vielen Staaten mit dominierenden Machthabern kann beobachtet werden (so zum Beispiel bei Putin oder Erdogan), wie Oppositionskräfte mit kritischen und freien Ansichten gezielt unterdrückt und eingeschüchtert werden oder Repressalien ausgesetzt sind. Insbesondere Nichtregierungsorganisationen mit freien, regimekritischen Ansichten (zum Beispiel Amnesty International, Umweltverbände, missionarische Gruppen) werden gezielt angegangen.

Ein anderes Beispiel können in durchaus demokratisch geführten Staaten diejenigen Parteien oder Gruppen geben, die sich in Fragen der Gerechtigkeit von Einkommen bzw. bei Beschäftigung, Bildung, bei der Aufnahme von Verfolgten und Geflüchteten klar gegen die Grundaussagen der Bergpredigt (Mt 5,1–7,29) stellen und letztlich so als Werkzeuge des Verführers wirken. Von offensichtlich verblendeten Kriegstreibern ganz zu schweigen. Statt das Gebot der Nächsten- und Feindesliebe anzustreben, wird aktiv Macht ausgeübt oder versucht, alles zu dominieren.

Als weiteres Beispiel können die rechtspopulistisch geführten Staaten genannt werden, deren Wählerschaft offensichtlich die gegen die biblische Botschaft gerichteten Züge solcher Politik nicht überschaut bzw. selbst davon eingenommen ist. Hier stehen auch Staatsführer, die als Diktatoren ihres Reiches sogar vom Volk mehrheitlich gewählt und verehrt werden, obwohl sie hetzen und eklatante Tabubrüche vollziehen, mit denen ein moralisch halbwegs verlässliches Miteinander verlassen wird. Auch aus der jüngeren Geschichte sind uns solche Entwicklungen bekannt, wenn das Völkermeer Diktatoren hervorgebracht hat, die grausames Unheil, Verderben und Krieg gesät haben. Zu denken ist da etwa an Hitler, Stalin oder Mussolini. Und an die Versuche, die Juden als das Volk Gottes auszulöschen oder die Ausgrenzung kirchlicher Strukturen in der ehemaligen DDR.

Das heutige Umfeld, wie schleichende (und damit kaum ins Bewusstsein dringende) Entwicklungen, Berichte in öffentlichen Medien oder auch in geschlossenen Gruppen verstellen leicht den Blick darauf, welche Mechanismen und Kräfte hinter all den Schlagzeilen stehen bzw. wer hier im Verborgenen am Werke ist. Es zählt heute, was die größte Aufmerksamkeit erzielt, wie die größte Leser- oder Zuhörerschaft erreicht wird, aber selten werden die tieferen, oft komplexen Beweggründe erforscht und die hintergründigen Aspekte analysiert. Aspekte, die möglicherweise den Hinweis geben können, dass es sich in vielen Fällen um ein Gesellschaftssystem handelt, das durchaus mit dem früheren Babylon als «irdisches, widerchristliches Machtzentrum»[17] verglichen werden kann.

---

[17] [https://de.wikipedia.org/wiki/Babylon#Christentum; 14.07.2019]

7.3 Das zweite Tier: unser kapitalistisches Wirtschafts-
system?

»Dann sah ich ein anderes Tier aus der Erde heraufsteigen. […] Vor
den Augen des ersten Tieres übte es dessen ganze Vollmacht aus.
Es brachte die Erde mit all ihren Bewohnern dazu, das erste Tier
anzubeten […] Und es vollbrachte große Zeichen: Vor den Augen
der Menschen ließ es sogar Feuer vom Himmel auf die Erde herab-
fallen. […] Und damit verführte es die Bewohner der Erde zum Abfall von Gott. […]« (Offb 13,11–14).

Hier wird ein Werkzeug des Satans beschrieben, welches Macht und Autorität besitzt, um die Menschen zu verführen. Löst man sich von den zur Zeit
Johannes erlebbaren gesellschaftlichen Strukturen mit Königen und Machthabern, so kann die jüngere Entwicklung seit der Industrialisierung mit der
verbreitet auftretenden kapitalistisch dominierten Wirtschaftsweise eine ge-
wichtige Rolle einnehmen. Und dies nicht nur in den uns umgebenden demokratischen Strukturen, sondern letztlich auch weltweit in den unterschiedlichen Systemen mit zum Teil diktatorischen Strukturen.

Dabei muss deutlich gesagt werden, dass dieses Wirtschaftssystem auch
die notwendige Versorgungsfunktion für die Menschen gewährleistet. Und
dies wohl auch besser, als in früheren Planwirtschaften zu erkennen war.
Doch wie die Macht des Geldes bzw. des Kapitals und die deutlich sichtbare
Gier der Menschen danach in solchen gesellschaftlich-wirtschaftlichen
Strukturen ablaufen, lässt erhebliche Zweifel an einem göttlich so gewollten
Versorgungssystem entstehen. Der göttliche Wille steht dem in Vielem di-
ametral gegenüber. Bei dieser Sichtweise geht es auch *nicht* um das individuelle Wirtschaften beispielsweise eines Handwerks- bzw. Industriebe-
triebs, die Produktion von Gütern und Dienstleistungen oder um die Leistungen eines Geldinstituts, womit Gewinne erzielt werden. Gemeint ist das
häufig systemimmanente Ziel der Gewinn- bzw. Profitsucht, das nicht vor
der Verantwortung für Menschen, Natur und Umwelt haltmacht und gegen
Gottes Gebote gerichtet ist.

Schauen wir zur Erklärung dieser Interpretation zum Beispiel auf das
aktuelle deutsche System, so zeigt sich die intensive Verbindung, ja die Ab-

hängigkeit zwischen dem staatlichen Gefüge einerseits und dem ökonomischen System andererseits. Dies wird schon dadurch sichtbar, dass das Wachstum der kapitalistischen Wirtschaft per Wachstumsgesetz »vorgeschrieben« ist. Man kann dazu den Begriff »Staatskapitalismus« verwenden. Hier wird durch den Staat (dem ersten Tier) bereits gewollt der wirtschaftlichen Macht (dem zweiten Tier) die Vollmacht gegeben, in seinem Sinne zu handeln. Zusätzlich müssten nun die vielfältigen Vernetzungen des wirtschaftlich-politischen Systems oder auch die verschiedenen Erscheinungsformen noch viel breiter dargestellt werden – von der intensiven Einflussnahme auf politische Entscheidungen durch die Lobbyisten der Wirtschaft bis zur oft vorauseilenden Hörigkeit politisch Handelnder, um den Wirtschaft treibenden Kräften Steine aus dem Weg zu räumen oder Geschäfte anzubahnen.[18]

In ernsthaften Medien mit ausführlicheren Hintergrundberichten lässt sich das recht gut verfolgen, weshalb dies hier nicht weiter ausgeführt werden soll. Aber nehmen wir dies so wahr und hinterfragen die Macht des Geldes und die Art des Wirtschaftens kritisch? Dagegen ist eher zu beobachten, dass die breite Mehrheit brav den Verlautbarungen und Angeboten sowie begierig den Aktienkursen folgt, die sogar in den täglichen Nachrichten einen festen und zentralen Bestandteil eingenommen haben (Abbildung 31). Man kann die Hörigkeit der Menschen hinsichtlich wirtschaftlicher Prosperität, Erhöhung von Einkommen und Profiten, steigenden Aktienkursen und dergleichen durchaus mit einer götzenähnlichen »Anbetung« vergleichen. Alles wird darangesetzt, dieses System zu halten und fortzuentwickeln, Profite zu mehren. Wobei seit dem legendären Bericht des Club of Rome vor fast 50 Jahren klar sein dürfte, dass stetiges Wachstum in einer begrenzten Welt nicht funktionieren kann (Meadows et al. 1972). So weisen Wachstumsziele letztlich auch auf die Überheblichkeit des Menschen hin, sich über das durch die Schöpfung gesetzte dynamische oder Fließgleichgewicht des Systems Erde zu stellen.

Der Wachstumsfetischismus macht ja nicht einmal halt vor der Herstellung und dem Verkauf von Waffen in Krisenregionen. Hauptsache Gewin-

---

[18] Oder wie es ein hochrangiger FDP-Politiker einmal formulierte: »Die Politik ist Dienstleister der Wirtschaft«.

ne, kurzsichtig steigende Quartalszahlen in Geschäftsberichten, ohne das Wohl der Menschen sowie heutige und zukünftige Generationen in den Blick zu nehmen.

Abbildung 31: Die Deutsche Börse als götzengleiches Sinnbild unseres Wirtschaftssystems (Bild: pixabay).

Darüber hinaus werden am Beispiel der Regierung Trump in den USA die wiederholten moralisch-sexistischen Tabubrüche als Kalkül entlarvt, wenn Assheuer (2018) schreibt:»Amerikas konservativer Machtpol ist fest entschlossen, die Nation von einem hysterischen Moralismus zu befreien, von Sprachregelungen und Denkweisen, die das Land in eine Disziplinargesellschaft verwandelt hätten, in ein stickiges überreguliertes Treibhaus.« Der zu Beginn dieses Abschnitts erwähnte alttestamentarische Bezug zu Babylon wird da einmal mehr genährt.

7.4 Das Zusammenspiel der beiden Tiere

Wen beten die Bewohner der Erde an?

Führt die heute erlebbare Macht und der Einfluss des Geldes, ja die ganze Finanzwirtschaft zu einer gerechteren und friedlicheren Welt, wird dadurch mehr Nächstenliebe möglich? Wohl kaum, auch wenn anhand statistischer Vergleiche im globalen Maßstab einzelne Verbesserungen abgelesen werden können. Generell lässt sich unsere Art zu wirtschaften im staatlich-wirt-schaftlichen Kontext eher als fehlgeleitete Entwicklung verstehen. Der ein-zelne Mensch ist gefangen in einer »Selbsterlösung durch Selbstoptimie-rung« (Ulrich 2018), auf der Suche nach Maximierung und/oder Optimie-rung der angebotenen Dinge. Dies kennzeichnet ein fast unentrinnbares System: die Angebote sind reizvoll und vielfältig, verstärken die Suche nach Erfüllung und Glück, die Befriedigung stellt sich dann doch nicht ein bzw. ist nur von kurzer Dauer. Dann beginnt die Suche nach neuen Ange-boten von neuem. So kann man im Grunde feststellen, dass die Menschen dieser Erde in den allermeisten Nationen Führer wählen oder hinter ihnen stehen (sie als Heilsbringer »anbeten«), wenn sie Wirtschaftswachstum, gu-tes Einkommen und Wohlstand versprechen.

Abgesehen von der naturwissenschaftlich getragenen Einsicht, dass ste-tiges materielles Wachstum auf einem endlichen Planeten nicht möglich sein kann und hier eine andere Wirtschaftsweise nötig wird, ist die Erzie-lung von angemessenem materiellen Wohlstand nicht von vornherein kri-tisch zu sehen. Entscheidend sind dagegen die mit der kapitalistischen Wirt-schaftsweise hervorgerufenen Umverteilungen und Ungerechtigkeiten, wenn sich in einem der Wohlfahrt aller verpflichteten Staat viele Menschen in prekären Arbeitsverhältnissen mit unzureichendem Einkommen (Armut) auf der einen Seite der Gesellschaft finden und einige Wenige mit unerhör-tem Spitzenverdienst auf der anderen Seite stehen. Man kann dies mit der ökonomisch verblendeten Sicht des pareto-optimalen Gleichgewichts ver-stehen, wonach angestrebt wird, dass bei Wohlfahrtssteigerungen eines In-dividuums zumindest kein anderes Individuum schlechter gestellt wird, also keine Einbuße erleidet. Was aber durchaus zu bessergestellten Verhältnis-sen auf nur einer Seite führen kann. Über allem steht jedoch der Versuch, den Konsum anzuheizen, mit dem dieses System der Ungleichheit auf viel-fältige Art und Weise gefördert wird. Stetig scheinen die Gesellschaften Strukturen zu wählen, die – wenn auch nicht direkt gewollt – den Prozess hin zu ungleichen Lebensverhältnissen, Aus- und Abgrenzungen vorantrei-ben, bzw. die eigene Wohlfahrt zulasten anderer gewollt wird (Abbildung 32).

Abbildung 32: Ein Tausendstel der Weltbevölkerung besitzt 80 Prozent des Vermögens. Tendenz: immer weniger haben immer mehr (Bild: pixabay).

Der Siegeszug (die »Anbetung«) der staatskapitalistischen Wirtschaftsweise in fast der ganzen Welt dürfte bereits so weit vorangeschritten sein, dass die Worte der Offenbarung längst Wirklichkeit geworden sind. Auch die in demokratischen Strukturen entworfene »Gemeinwohlökonomie« (Welzer 2019) oder die versuchte Zügelung der Entwicklungen durch eine »soziale« Marktwirtschaft dürften kaum geeignet sein, die Gesamtentwicklung spürbar zu entschärfen. Verschärft lautet da der Titel eines TV-Gesprächs zwischen Richard David Precht und dem Parteivorsitzenden von Bündnis 90/Die Grünen, Robert Habeck im ZDF (2018): *Frisst der Kapitalismus die Demokratie?* Die große Schere zwischen Arm und Reich zeigt uns hier in Deutschland und weltweit die weitgehende Wirkungslosigkeit gesellschaftlicher Steuerung. Paulus beschreibt dies im zweiten Brief an die Thessalonicher:

> »Der Böse aber wird in der Macht des Satans auftreten mit großer Kraft und lügenhaften Zeichen und mit jeglicher Verführung zur Ungerechtigkeit bei denen, die verloren werden.« (2. Thess 2,9f).

Gerade im Hinblick auf die Ungerechtigkeit agiert der Mensch oft gegen jeden göttlichen Willen. Bereits bei Matthäus (24,12) wird auch die mit der Macht des Geldes einhergehende Entwicklung beschrieben: »Und weil die Ungerechtigkeit überhandnehmen wird, wird die Liebe in vielen erkalten.«

Die heute zu beobachtenden, sich häufig ausbreitenden Verhärtungen im Umgang der Menschen zueinander, die Entfremdungen, Vereinzelungen, Erniedrigungen oder Ausbeutungen sind in vielen Fällen durch Untersuchungen belegt. Natürlich sind auch erfreuliche Gegentendenzen immer noch reichlich sichtbar und erlebbar, aber der Ton wird rauer, die Auseinandersetzungen härter und egoistischer, sind nicht mehr von einer Liebe der Menschen untereinander geprägt. Paulus beschreibt dies bereits in seinem Brief an Timotheus so:

> »Du musst wissen: In den letzten Tagen stehen uns schwere Zeiten bevor. Denn die Menschen werden selbstsüchtig sein, geldgierig, prahlerisch und hochmütig. Sie werden Gott lästern und ihren Eltern nicht gehorchen. Sie werden undankbar sein, und vor nichts Ehrfurcht haben. Sie werden lieblos sein, unversöhnlich, verleumderisch, unbeherrscht und zügellos. Sie werden das Gute hassen und Verrat begehen. Sie werden leichtfertig sein und verblendet. Sie werden mehr auf ihr Vergnügen aus sein als auf das, was Gott gefällt.« (2. Tim 3,1–5).

Das Interesse, die biblische Botschaft wegzustreichen, lässt sich auch mit diesem kleinen Beispiel verdeutlichen: zunehmend wird in der Weihnachtszeit aus dem englischen *Christmas*, was ja auf die Geburt Christi bezogen ist, ein *X-mas* gemacht. Offensichtlich möchte man beim weihnachtlichen Konsum nichts mehr mit dieser frohen Botschaft von Christus zu tun haben, der in die Welt gekommen ist, die Welt verändert hat und auch verändern will. Da wird mit einem »X« bewusst weggekreuzt und ausgemerzt, was als größtes Ereignis aller Zeiten angesehen werden kann.

Feuer fällt auf die Erde herab…

Wir erinnern uns: vor unseren Augen (d. h. auf dem TV-Bildschirm) fielen im Jahr 2003 Marschflugkörper und andere Feuerwaffen auf Ziele im Irak.

Durch den völkerrechtswidrigen Angriff durch die USA, Großbritannien und andere wurde der Staatspräsident Saddam Hussein gestürzt und die Hauptstadt eingenommen. Mit einem letztlich widerlegten Grund (angeblich bevorstehender Angriff auf die USA mit Massenvernichtungsmitteln) sollte offensichtlich verschleiert werden, dass hier ökonomische Interessen des industrialisierten Westens und anderer im Vordergrund standen. Immerhin verfügte die Region zu der Zeit über zwei Drittel der weltweiten Erdölvorräte. Die Sicherung der Energieversorgung (Stabilität in der Region) bzw. der Zugang zu den Quellen galt als eines der Hauptmotive für den Überfall (Schreyer 2016 sowie der dort zitierte Chilcot Report).

Dieses ausgewählte Beispiel steht für sehr viele Übergriffe und mag verdeutlichen, mit welcher Gewalt die kapitalistischen Kräfte im Verbund mit den Vollmacht gebenden Staaten vor unser aller Augen am Werke sind, so wie es im Text der Offenbarung benannt ist. Nehmen wir diese beiden sich ergänzenden Tiere wahr, welche die Menschen so verführen, dass sie immer mehr von Gott abfallen bzw. dass Gewalt und Vernichtung legitimiert sind durch die von den Völkern gewählten Staatsführer? Sind unsere Gesellschaften nicht mehr sensibel für Gottes Gebote, wenn unsere Führer es anders »vorleben«? Wie sonst kann ich in diesem Zusammenhang etwa die Einsatzbefehle der amerikanischen Präsidenten für Drohnenangriffe sehen, mit denen unliebsame Gegner (zum Beispiel in Afghanistan, Pakistan und im Irak) gezielt vernichtet werden – und gleichzeitig viele Zivilisten als Kollateralschaden ums Leben kommen?

Die Folgen des freien Wirtschaftens

Immanente Eigenschaften des kapitalistischen Wirtschaftens sind die Übervorteilung, Erniedrigung, Ausbeutung und ähnliches. An unzähligen Beispielen auf der ganzen Welt ist nachzuzeichnen, dass Konzerne ebenso wie Staaten bei der Gewinnung von Erdöl, Kohle, Bodenschätzen und dergleichen sich Ländereien widerrechtlich aneignen, Einwohner sowie Tiere vertrieben werden, Atmosphäre, Boden, Wasser und die Menschen vergiftet werden. Die Lebenserwartung von Fabrikarbeitern in Norilsk (Abbildung 33) liegt zehn Jahre unter dem russischen Durchschnitt. Es würde zu weit führen, hier im Einzelnen weitere Beispiele aufzuführen. Folgen insgesamt sind die in Kapitel 6.5 mit den ersten vier Posaunen bereits beschriebenen Entwicklungen.

Abbildung 33: Norilsk als dreckigste Stadt Russlands zählt nach einer Untersuchung 2013 zu den Top-10 der verschmutztesten Städte der Welt. Im Jahr 2015 entließ die Schwerindustrie dort rund zwei Millionen Tonnen Kupfer, Blei, Cadmium, Nickel, Schwefel und arsenhaltige Gase in die Luft; in den Jahren zuvor war diese Menge sogar doppelt so groß (Toggweiler 2018) (Bild: iStock, Nordroden).

Die diffusen Steuerungskräfte

Trotz einer freien Presse, moderner Medien zur Informationsgewinnung und demokratischer gesellschaftlicher Strukturen agieren eine Fülle von Gruppierungen, Stiftungen oder Vereinigungen, deren Ziele mehr oder weniger im Verborgenen bleiben. Die Mechanismen ihrer Einflussnahme auf Regierungen und andere Entscheidungsträger bleiben meist unerkannt oder werden so verschleiert, dass kaum jemand die Verflechtungen noch wahrnehmen kann. Wenn aber solches Verhalten das Licht der Öffentlichkeit scheut, darf dies ruhig vor dem Hintergrund der Aussage Jesu gesehen werden: »*Eure Rede aber sei: Ja, ja; nein, nein. Was darüber ist, das ist vom Übel.*« (Mt 5,37). Zur Verdeutlichung sollen lediglich drei Beispiele genannt werden: die *Bilderberg-Konferenzen* (Wikipedia 2018 d), die *Initiative Neue Soziale Marktwirtschaft* (Wikipedia 2019 c) und die Lobbystrukturen in der Gesetzgebung bzw. Politik. Reden hinter verschlossenen Türen und interessengeleitete Strategien, die nicht das Wohl aller im Blick haben, können als solches Übel angesehen werden. Dagegen kann sich ein offenes, transparentes und ehrliches Miteinander aus den Geboten (2. Mose 20; 5. Mose 5) oder insbesondere aus der Bergpredigt (Mt 5,1–7,29) ergeben.

7.5 Der jüngste Coup: Digitalisierung

Das sich intensiv anbahnende und spannende Thema der Digitalisierung ist höchst komplex und kann hier nur in wenigen Facetten angesprochen werden. Die unheilvolle Verzahnung der Macht des Geldes mit modernen Möglichkeiten digitaler Technik zeigt sich bereits seit einiger Zeit am Beispiel der Finanz-Transaktionsströme des weltweiten Kapitals, wo der Mensch die Herrschaft über diese Finanzströme zum Teil bereits verloren hat: die Transaktionen laufen über Algorithmen automatisiert in einer solchen Schnelligkeit ab, dass selbst bei Fehlern ein menschlicher Eingriff nicht mehr möglich ist.

In vielen gesellschaftlichen Strukturen findet man jedoch eine fast anbetungsähnliche Erwartung digitaler Entwicklungen. Wie auch Die Zeit in einem Beitrag die Debatte über das mobile Internet überschrieb mit »Digitales Himmelreich« (Kerbusk 2018) oder Thiede (2018, S. 33) das Digitale als »Ersatzreligion« beschreibt, die über kein Wahrnehmungspotential hinsichtlich der apokalyptischen Bedrohlichkeiten verfügt. Johannes hat die folgende Entwicklung gesehen:

> »Und es macht, dass sie allesamt, die Kleinen und Großen, die Reichen und Armen, die Freien und Sklaven, sich ein Zeichen machen an ihre rechte Hand oder an ihre Stirn und dass niemand kaufen oder verkaufen kann, wenn er nicht das Zeichen hat, nämlich den Namen des Tieres oder die Zahl seines Namens.« (Offb 13,16f).

Willkommen in der Wirklichkeit des eingangs angesprochenen »Offenbarungsfilms« (siehe Kapitel 4): In Schweden beispielsweise wird alles darangesetzt, das Bargeld aufzugeben und nur noch mit elektronischen Zahlvorgängen zu arbeiten. Die Übertragung der Vision des Johannes in die Jetztzeit könnte in winzigen, in die Hand implantierten RFID-Chips liegen, mit denen der Bezahler sicher identifiziert werden kann (Abbildung 34). Der Mensch begibt sich so zunehmend (und meist auch völlig freiwillig, ja oft euphorisch) in eine völlige Abhängigkeit von einer Technik. Heute meint er zwar noch, sie kontrollieren zu können, in zukünftigen Weiterentwicklungen (siehe nachfolgend die Künstliche Intelligenz) kanns es aber dazu führen, dass in manchen Fällen und Lebenssituationen eine freie Entscheidung nicht mehr getroffen werden kann.

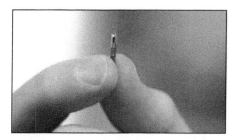

Abbildung 34: Chip direkt unter der Haut statt Bargeld – Schweden macht es vor (Video: ZDF 2016).

Primat der Technik über Freiheit und Gesundheit

Das Zusammenspiel von staatlicher Macht und Macht des Kapitals (die beiden symbolischen Tiere in der Offenbarung) bzw. der Versuch der Beherrschung des Menschen lässt sich an einem konkreten Beispiel aufzeigen. Ohne Rücksicht auf Verluste von Freiheitsrechten, Selbstbestimmung und Gesundheitsschutz wurde 2018 in Bayern demonstriert, wie man die Digitalisierung der Bevölkerung ungefragt überstülpen will. Man begann, Funkwasserzähler in Häuser und Wohnungen einzubauen, ohne verlässliche Information und ohne den Betroffenen Wahlmöglichkeiten einzuräumen. Mit den Änderungen der Bayerischen Datenschutz-Grundverordnung und vorgesehenen Änderungen der Gemeindeordnung sollten die Kommunen ermächtigt werden, per Satzung den Einbau und Betrieb elektronischer

Wasserzähler vorzuschreiben. Solche elektronischen Zähler (SmartMeter) werden heute gern mit einem Funkmodul ausgestattet, um die Daten im Sekundentakt zu übermitteln. Hochfrequente Funksignale führen allerdings zu einer Beeinflussung von Körperfunktionen bei Menschen, Tieren und Pflanzen. Neben verschiedenen gesundheitlichen Aspekten solcher Strahlung (Kühling & Germann 2016), hat die WHO diese in die Kategorie *möglicherweise Krebs erregend* eingestuft. Fatal dabei ist, dass Verbraucher zu dieser umstrittenen Übertragungstechnologie gezwungen werden sollten, ohne dass technische Alternativen oder ein wirksames Widerspruchsrecht in der Gemeindeordnung verankert werden sollte. Damit sollten verfassungsgemäße Rechte eingeschränkt werden, wie das

- Persönlichkeitsrecht,
- Recht auf informationelle Selbstbestimmung,
- Recht auf Unverletzlichkeit der Wohnung.

Verschiedene Landesbeauftragte für den Datenschutz sind der Ansicht, dass der mit diesen Zählern verbundene Eingriff in die Unverletzlichkeit der Wohnung nicht ohne Widerspruchsrecht zu rechtfertigen ist und die unzulässige Erhebung und Verarbeitung personenbezogener Daten einen Verstoß gegen datenschutzrechtliche Vorschriften darstellt. Mit Briefen an die Landtagsfraktionen konnte zwar erreicht werden, dass nun den Bürgerinnen und Bürgern ein Widerspruchsrecht zugebilligt wurde. Es fragt sich allerdings, ob künftig in anderen Ländern solch gravierende Eingriffe in Freiheitsrechte und Angriffe auf die Gesundheit abgewehrt werden können. Zu sehr fortgeschritten ist das fachlich-kapitalistische System in seiner Einflussnahme und Beherrschung durch technische Entwicklungen. Es wird kaum nach sinnvollen und vernünftigen Alternativen gefragt, die dem Menschen zugutekommen.

China: Digitale Neuerfindung der Diktatur

Die aktuell in ihrer gesellschaftlichen Bedeutung wohl umfangreichste Nutzung digitaler Technik findet zurzeit in China statt. Dort wird alles darangesetzt, die ganze Gesellschaft zu kontrollieren, um die eigene Macht zu erhalten. Dazu baut man derzeit ein sogenanntes Sozialkreditsystem auf, mit dem das Verhalten der Bewohner in nahezu allen Lebensbereichen bewertet wird, eine Art SCHUFA für alle Lebenslagen. Von der Zahlungsmoral über Einkaufsgewohnheiten bis zum sozialen Verhalten sollen die Bürgerinnen und Bürger mit einem Punktesystem beurteilt werden – wenn sie ihre Rechnungen nicht bezahlen, bei Rot über die Ampel gehen oder zu Kneipenschlägereien neigen. Die Machthaber wollen so entscheiden, wer ein guter und wer ein schlechter Bürger ist. Dazu werden diese digital bis ins kleinste Detail durch Überwachungstechnik mit intelligenten Kameras, Gesichtserkennung und Bewegungsprofilen erfasst. Besonders die Gesichtserkennung ist bereits so leistungsfähig geworden, dass die einzelne Person beim Überschreiten einer Fahrbahn bei Rot direkt erfasst und sofort im digitalen System erkannt bzw. gespeichert wird. Bei schlechter Bewertung drohen zahlreiche Strafen, beispielsweise können Tickets für Züge nicht mehr gekauft oder bestimmte Schulen nicht besucht werden, Jobverlust. Und trotzdem bewerten einer Untersuchung zufolge mehr als 80 Prozent der Befragten die staatlichen und auch die kommerziellen Sozialkreditsysteme als positiv (Yang 2019). Wie ist das zu verstehen?

Zwar rührt die große Zustimmung der Betroffenen aus oft schlechten Erfahrungen früherer Zeiten, aber mit dem gottgleichen Anspruch der Machthaber an die Bewertung und Beeinflussung von Menschen zeigt sich die Anmaßung gegenüber dem Schöpfer, ja sogar die (nicht nur versuchte) Vereinnahmung des Menschen. Menschliche Würde und christliche Freiheit sehen sicherlich anders aus. Zumal das Interesse von Machthabern darin liegt, alle Gruppen zu verfolgen, die solche Freiheit für sich beanspruchen und für eine freiheitliche Ordnung einstehen. Freiheit widerspricht solchen Kontrollen und deshalb werden Christen (mit knapp sieben Prozent eine gesellschaftliche Kraft in China) dort verfolgt (Open Doors 2019).

Den Sieg behalten über das Tier

Menschen geben sich nicht selten suchtgleich der Technik oder anderen Dingen hin, sind diesen Dingen sogar hörig. Gerade jüngere Menschen sind teilweise kaum mehr in der Lage, ihr Smartphone aus der Hand zu legen bzw. einmal nicht ständig erreichbar zu sein (Abbildung 35). Auch durch die Hingabe an geldwerte Dinge, Anerkennung oder Macht, offensichtliche

Annehmlichkeiten bzw. Bequemlichkeiten, Gruppenzwänge und vieles mehr werden Menschen dazu gebracht, die Freiheit, Selbstbestimmung, quasi ihr *Ich* abzugeben. Solche Prozesse verlaufen nicht zwangsläufig, man muss denen nicht folgen, sondern sollte sich nicht verleiten lassen oder kann sich dem durchaus entziehen. Dies wird auch so in der Offenbarung gewürdigt: »Die den Sieg behalten hatten über das Tier und sein Bild und über die Zahl seines Namens« (Offb 15,2).

Abbildung 35: Das Smartphone als moderner Götze? (Bild: pixabay).

Künstliche Intelligenz

Inzwischen werden weltweit technische Entwicklungen vorangetrieben, die kaum noch zu überschauen und nachzuvollziehen sind. Allen voran in den teilweise abgehobenen Strukturen übermächtiger Konzerne im Silicon Valley wie Google, Facebook und Co. (Zuboff 2018). Je intensiver man sich mit den dort entwickelten und auch bereits in der Umsetzung befindlichen Ideen und Vorhaben befasst, desto mehr gewinne ich den Eindruck, dass hier zum Teil neue Ersatzreligionen daherkommen. Eine davon, die Künstliche Intelligenz (KI), soll hier kurz angesprochen werden. Unter diesem Begriff werden teilweise unterschiedliche Auffassungen vertreten. Versucht man, sich dem zu nähern, so beruht KI auf einer speziellen Art von Algorithmen, mit denen sich mithilfe eines Computers Probleme lösen lassen. Dies gelingt schon seit geraumer Zeit, aber intelligent im engeren Sinn sind Algorithmen erst dann, wenn sie in der Lage sind, selbstständig (maschinell) zu lernen. KI in engerem Sinn meint meist solch maschinelles Lernen, wenn es Muster und Gesetzmäßigkeiten erkennen kann (meist bei einer sehr großen Datenfülle wie beispielsweise einer Vielzahl verschiedener Bilder). Mit einer statistischen Wahrscheinlichkeit (Trefferwahrscheinlichkeit) kann dann angegeben werden, was das System »glaubt« zu erkennen. Darüber hinaus gilt als komplexe Variante dieses maschinellen Lernens das sogenannte »Deep Learning«, wo nach dem Vorbild des menschlichen Gehirns mit künstlichen neuronalen Netzen sehr große und unstrukturierte Datensätze analysiert werden. Solche Systeme entbehren letztlich aber der Vielseitigkeit und Flexibilität menschlicher Intelligenz (Google 2018).

Für manche Zwecke können solche technischen Entwicklungen hilfreich sein. Wie so oft, zeigen sich jedoch zwei Seiten einer Medaille. Auch wenn die Entwicklung mit Riesenschritten voranläuft und hier nur eine kurze Momentaufnahme statt einer Prognose des Zukünftigen möglich ist, so zeigt sich hier, wie leicht Menschen sich verführen lassen. Es lässt aufhorchen, wenn Jaron Lanier, der maßgeblich an der Entwicklung des digitalen Fortschritts beteiligt war, den Wettlauf um Künstliche Intelligenz inzwischen für einen quasireligiösen Fanatismus hält und viele Menschen, die große Firmen wie Facebook und Google führen, als »Anhänger einer neuen Religion« bezeichnet (Weidemann 2018). Denn aus deren Sicht hätten Menschen nur vorübergehende Bedeutung und stattdessen werde die KI die Welt beherrschen, der Mensch sei obsolet, auf diese Art würde Unsterblichkeit erreicht werden. Welche Arroganz und Überheblichkeit menschlicher Einschätzung, welcher Affront gegen den Schöpfer! Dagegen zeigen Befürchtungen und inzwischen auch durch Untersuchungen belegte Erkenntnisse in immer stärkerem Maße, dass solche technikgestützte Entfremdung vom unmittelbaren weltlichen Erleben für die Persönlichkeits- und Intelligenzent-

wicklung von Menschen schädlich ist (Hensinger 2018).[19] Lanier beispielsweise sieht in dem »Erlösungsgedanken« durch KI einen groß angelegten
Betrug.

Heute lässt sich bereits im Internet nachvollziehen, wie Ansätze der KI
für betrügerische Zwecke, zur Desinformation, Manipulation und gezielten
Falschinformation benutzt werden. Es entsteht oft der Eindruck, dass mehr
Schaden angerichtet wird als Gutes durch die Möglichkeiten digitaler Systeme entsteht. Entstanden ist der durch Technik verblendete Mensch, zunehmend verwirrt und von einer tieferen Besinnung und Reflexion abgehal-
ten. Denn eines ist klar: die Bewertung von Menschen und von Verhalten
durch die Maschine bzw. deren Algorithmen wird niemals individuelle
menschliche oder naturgegebene Besonderheiten ausreichend erfassen können. Der einzigartige Mensch, das *Ich* mit seinen Gefühlen, Wahrnehmungen und Beurteilungsmöglichkeiten ist in einem solchen Fall schnell ausge-
mustert, in falsche Kategorien eingeordnet und kann Schaden nehmen.

Solche Denk- und Arbeitsansätze stehen im krassen Widerspruch zum
Schöpfungsgeschehen mit dem Ergebnis: »und siehe, es war sehr gut« (1.
Mos 1,31). So wird sich auch das Heilsgeschehen mit Christus am Kreuz
niemals in Algorithmen fassen lassen. Wohl dem, der hier mit Abstand und
Kritik die Entwicklungen beobachtet. Die Technikeuphorie und die heute
schon belegbaren Suchtgefahren digitaler Medien und digitaler Technik
spielen dem Verführer geradezu in die Hände, um von der Bestimmung des
Menschen, seiner Würde und seiner wirklichen Erlösung ablenken:

> »Seht zu, dass euch nicht jemand verführe. Denn es werden viele
> kommen unter meinem Namen und sagen: Ich bin der Christus, und
> sie werden viele verführen.« (Mt 24,4f).

Das Offenbarungs-Quiz

> »Wer Verstand hat, der überlege die Zahl des Tieres; denn es ist die
> Zahl eines Menschen, und seine Zahl ist 666.« (Offb 13,18).

---

[19] Siehe beispielsweise die Initiative diagnose:media, deren Ziel es ist, die negativen Be-
gleiterscheinungen digitaler Medien und Techniken aufzuzeigen und Maßnahmen zu
empfehlen [https://www.diagnose-media.org/; 09.02.2019].

In der Bibel kommt den Zahlenangaben eine große symbolische Bedeutung zu. Mit der Ziffer Sieben wird beispielsweise die Vollständigkeit ausgedrückt. Eine Ziffer Sechs steht so für Unvollständigkeit. Eine dreifach benannte Sechs kann demnach auch als deren Steigerung verstanden werden. Vielfach wird davon ausgegangen, dass sich die Zahl dieses Tieres von den Zahlwerten ableitet, die in früheren Zeiten den Buchstaben des Alphabets zugeordnet waren. Namen besaßen so automatisch auch einen Zahlenwert. Jahrhundertelang wurden immer wieder Nero, Domitian oder auch Hadrian identifiziert. Eine moderne Computeranalyse (Müller 2016) ergab Kaiser Marcus Ulpius Traianus (Trajan), der von 98–117 n. Chr. regierte. Christen, die sich weigerten, den heidnischen Göttern zu opfern, wurden mit dem Tode bestraft. Passend dazu datieren Forscher auch die Entstehungszeit der Offenbarung in die trajanische Zeit.

Die klare Aufforderung im Vers hat dazu geführt, dass heute über 120 verschiedene Deutungen bekannt sind. Es lohnt aber auch, dieses »Quiz« mit etwas Abstand zu betrachten und in die heutige Zeit hinein zu interpretieren. Einmal zu fragen: Wer oder was könnte heute als Repräsentant des genannten Tieres gemeint sein? Aus der Fülle möglicher Antworten heute zeigt die Abbildung 36 beispielsweise ein interessantes Ergebnis ebenso wie die Lesart der Zahl »Sex, sex, sex« oder die Hausnummer des Trump-Tower in New York.

Abbildung 36: Dem Barcode immanente Struktur der drei Sechsen (eigene Darstellung).

Eine ergänzende Wahrnehmung ist, dass es mit der Digitalisierung gelingt, das »Wort« Gottes durch leblose Zahlen zu ersetzen. Im Johannes-Evangelium ist die zentrale Aussage geführt:

»Im Anfang war das Wort, und das Wort war bei Gott, und Gott war das Wort. In ihm war das Leben, und das Leben war das Licht der Menschen.« (Joh 1,1,4).

Heute dagegen wird »Wort« in binäre Zeichen (der Arbeitsweise des Computers) überführt: Aus WORT wird: 01010111 01001111 01010010 01010100. Damit tut sich eine andere Dimension auf: Das *lebendige* Wort wird aufgelöst bzw. ersetzt durch einen *leblosen* Zahlencode. Der Ursprung von Leben wird ersetzt durch eine leblose Technik. Natürlich ist auch dieser Text mit einem Computer geschrieben und nutzt diese Technik. Auch ich möchte die vielfältigen Möglichkeiten, die sich mit moderner digitaler Spracherkennungs- und Textsoftware ergeben, nicht mehr missen. Das Ansinnen des Tieres könnte heute darauf hinauslaufen, dass kaum mehr das Wort und die Vereinbarung gilt, sondern Algorithmen menschliches Verhalten ersetzen und persönliche Entscheidungen abgenommen oder manipuliert werden.

Nicht mehr ein Mensch entscheidet über die Kreditwürdigkeit eines Kunden, sondern ein Algorithmus. Bei der Online-Bestellung entscheidet ein Algorithmus, ob ich aufgrund des Wohnstandortes als kreditwürdig eingeschätzt werde und per Rechnung bezahlen kann oder ob mir automatisch nur die Bestellung per Nachnahme gestattet ist, weil der sozioökonomische Status im Umfeld ein hohes Ausfallrisiko erwarten lässt. Die Algorithmen konditionieren heute auch das Konsumverhalten und nehmen die eigene Entscheidung ab, der Mensch wird zunehmend von der Maschine fremdbestimmt. Das sind nur kleine, fast nebensächliche Beispiele, die aber in Zeiten der künstlichen Intelligenz möglicherweise noch gravierendere Auswirkungen erzeugen können. Menschliches Dasein fremdbestimmt durch Technik? Ein Schöpfer und lebendiger Gott kommen darin nicht mehr vor. Als besonders fatal erscheint, dass viele Menschen dies auch noch befürworten, ja, sich geradezu hingebungsvoll verleiten lassen. Ist dies das moderne goldene Kalb (2.Mose 32,8)?

»Sie bekehrten sich doch nicht von den Werken ihrer Hände, dass sie nicht mehr anbeteten die bösen Geister und die goldenen, silbernen, ehernen, steinernen und hölzernen Götzen, die weder sehen noch hören noch gehen können.« (Offb 9,20).

Heftige Nebenwirkungen

Mit der sich in Riesenschritten aufbauenden Digitalisierung dieser Welt sind Nebenwirkungen verbunden, deren Dimensionen derzeit kaum abschätzbar sind. Ob die dafür benötigten Rohstoffe oder Seltene Erden für diesen Boom reichen werden oder die benötigte Energie zur Verfügung steht, ist derzeit kaum abschätzbar. Mit Blick auf die wirtschaftliche Bedeutung und »Versorgungssicherheit« der Industrieländer sieht die EU bereits heute eine Liste mit 27 kritischen Rohstoffen, die für die Digitalisierung eine zentrale Rolle einnehmen. Der angestrebte Ausbau erfordert zudem eine Unmenge an neuen Sensoren, Displays, Mikrochips, Radio-Frequency-Identification (RFID)-Systeme – neben den weiteren digitalen Geräten. Allein ein einzelnes der bereits heute 7 Milliarden weltweit produzierten Smartphones schleppt laut Verbraucherzentrale Nordrhein-Westfalen einen ökologischen Rucksack von etwa 75 Kilogramm mit sich herum. Darin enthalten sind nicht einmal die sozialen und kriegerischen Auswirkungen in den Fördergebieten dieser Rohstoffe (Merks 2019).

Das dritte Beispiel in Kapitel 3 problematisiert die Krypto-Währung Bitcoin, bzw. die Blockchain (Abbildung 3). Bereits 2018 wurden über 30 Terawattstunden Strom für die damit verbundenen aufwändigen Rechenoperationen verbraucht. Das ist mehr Elektrizität als ganze Staaten benötigen. Eine einzige (!) Transaktion verbraucht 250–500 Kilowattstunden, mehr als etwa ein Zweipersonenhaushalt hier in einem Monat verbraucht (Behrens 2017). Wie Experten derzeit prognostizieren, könnten eines Tages sogar fünf Prozent des weltweiten Energieverbrauchs allein auf die Krypto-Währung entfallen (Holland & Kannenberg 2018). Die Macht des Geldes und die bedingungslose Hingabe an diesen Götzen durch den Menschen andererseits zeigt die allumfassende Konsequenz eines solchen, in die Irre führenden digitalen Daseins auf. Letztlich kann das komplette Lebensgefüge, die Leistungsfähigkeit der uns das Leben ermöglichenden Erde aus dem Gleichgewicht gebracht werden (siehe hierzu insbesondere die ersten vier Posaunen in Kapitel 6.1 bis 6.4). Und das selbst bei virtuellen, nicht realen Wertobjekten.

7.6 Sieger und Verlierer

Die Kapitel 14 und 15,1–4 der Offenbarung beschreiben die Gewinner und Verlierer in Satans Krieg gegen Christus und die Seinen. Johannes sieht eine unermesslich große Zahl von Untadeligen, die aus dem großen geistlichen Konflikt als Sieger hervorgehen:

> »Das Lamm stand auf dem Berg Zion. Bei ihm standen 144.000 Menschen. Auf ihrer Stirn war sein Name und der Name seines Vaters geschrieben. [...] Sie singen ein neues Lied vor dem Thron sowie vor den vier Wesen und den Ältesten. Niemand konnte das Lied lernen außer den 144.000, die von der Erde freigekauft worden sind. [...] Sie sind es, die dem Lamm folgen, wohin es auch geht. [...] Sie sind makellos.« (Offb 14,1–5).

Die Zahl der 144.000 Erlösten steht für 12 x 12 x 1.000 und meint die zwölf Stämme Israels (als Vollzahl des Volkes Israel), multipliziert mit zwölf Völkern der Heiden (Vollzahl der Heiden), multipliziert mit 1.000 (als unermessliche Größe und Anzahl). Damit sind alle durch Christus Erlöste, die Gemeinde bzw. Kirche Christi zu allen Zeiten gemeint (Löhde o. J.).

In den folgenden Versen (Offb 14,6f) sieht Johannes einen ersten Engel, der mit großer Stimme spricht, dass allen Nationen und Stämmen und Sprachen und Völkern das ewige Evangelium vor dem Ende des Krieges verkündet werden wird. Ein zweiter Engel ruft dann: »Gefallen, gefallen ist Babylon die Große.« Die Verlierer in diesem Krieg um die Herrschaft sind durch einen dritten Engel benannt (Offb 14,9f): Nämlich die, die das Tier anbeten und dessen Stempel auf ihrer Stirn oder rechten Hand tragen. Denen wird Gottes Zorn eingeschenkt, sie werden Qualen erleiden. Danach entfernen Christus und ein Engel die Bösen und ihre Taten von der Erde (Offb 14,14–18). Dies ist noch nicht das Ende des Offenbarungstextes, es folgen noch die Schalen des Zorns.

8 Die sieben Schalen des Zorns

8.1 Vorbemerkungen

Johannes beschreibt in den Kapiteln 15 und 16 eine Vision von sieben Engeln mit sieben goldenen Schalen, mit denen die sieben letzten Plagen nacheinander ausgegossen werden. Das erinnert an die zehn Plagen, die über Ägypten ausgegossen wurden (2. Mos 7–11). Diese sieben letzten Plagen zeigen abschließende Aspekte der siebten Posaune. Nach diesen sieben Plagen, die die *ganze* Welt betreffen, wird das Gericht an Babylon gehalten und mit dem Kommen Christi das Ende der alten Welt und der Anbruch der neuen verkündet. Es sollte aufhorchen lassen, dass nach dem Aufbrechen der sieben Siegel und den sieben Posaunenstößen nun immer umfassendere Plagen die Menschen mahnen wollen, diese sich aber nicht davon beeindrucken lassen und ihr von Gott abgewandtes Tun fortsetzen.

Wie weiter vorn bereits festgestellt, entzieht sich jedoch vieles in der Offenbarung letztlich einem chronologisch geordneten Ablauf. So betreffen auch einige der als Schalen des Zorns bezeichneten Übel solche, die bereits bei den zuvor beschriebenen Posaunen auftauchen, entfalten aber in ihren Differenzierungen oder Heftigkeit durchaus noch weitere Erklärungsmöglichkeiten. Diese sollen nachfolgend angesprochen werden. Wenn Kommentatoren der Offenbarung immer wieder die Naturbezüge in manchen Textstellen lediglich als Symbole verstehen, will ich versuchen, auch reale Aspekte der Jetztzeit damit zu verbinden – und wiederholen, dass diese Assoziationen einem persönlichen Eindruck entspringen und nicht zwingend einer theologisch-wissenschaftlichen Analyse standhalten. Doch theologische Kommentare halten sich gerade bei den Zornesschalen mit einer Interpretation sehr zurück.

Die ersten vier Visionen der Zornesschalen gleichen auch in der Reihenfolge den Posaunen in Kapitel 6: Erde, Meer, Flüsse, Gestirne werden genannt. Die durch die Zornesschalen ausgedrückten Plagen gelten offensichtlich Menschen, die sich weigern, Gott anzuerkennen und sich dem Versucher und seinen Strukturen, Mächten, Angeboten (wie zum Beispiel den oben beschriebenen beiden Tieren) hingeben (Offb 16,9,11). Ich könnte darin auch einen letzten Versuch sehen, Menschen zur Umkehr zu bewegen. Mit diesen Schalen wird das von Gott abgefallene staatlich-gesellschaftliche System, seine antichristliche Kultur und der vielfältige Götzendienst vernichtet, was im antiken Babylon den Anfang genommen hat. Nach Vollendung dieser Zerstörung werden »alle Völker [...] kommen und anbeten« vor Gott (Offb 15,4).

Zu Beginn sieht Johannes aber »ein gläsernes Meer, mit Feuer vermengt«. Dies könnte für versengte, geschmolzene Erde stehen, wie sie bei der ungeheuren Hitze einer Atomexplosion entstehen kann (Abbildung 37).

Abbildung 37: Die ungeheure Wärmeentwicklung einer Atomexplosion (Bild: pixabay).

8.2 Elektromagnetische Felder: Generalangriff auf das Leben

Einführung

Wie gesagt, halten sich Kommentare zur Offenbarung meist darin zurück, die Plagen der sieben Zornesschalen näher zu interpretieren. Die jüngeren technischen und ökologischen Entwicklungen und deren Folgen bieten aber durchaus Bezüge und Erklärungen an, wenn es in Kapitel 16 bei Johannes heißt:

»Und der erste Engel goss seine Schale aus auf die Erde; und es entstand ein böses und schlimmes Geschwür an den Menschen, die das Zeichen des Tieres hatten und die sein Bild anbeteten.« (Offb 16,2).

Die Medizin spricht beim Geschwür von einem tiefliegenden Substanzdefekt. Schlimme, bösartige Geschwüre können als Gewebe-Entartungen bzw. bösartige Gewebeneubildungen angesehen werden (»Krebsgeschwür«). Mittlerweile ist Krebs in Deutschland die zweithäufigste Todesursache. Allein für das Jahr 2018 – so eine Schätzung der WHO – wurden weltweit über 18 Millionen Krebserkrankungen neu diagnostiziert (Ärzte Zeitung 2018) (Abbildung 38). Als mögliche Ursachen zeigen sich sehr verschiedene und reichen von physikalischen Noxen (zum Beispiel radioaktive Strahlung) über chemische Noxen (zum Beispiel Chemikalien wie polyzyklische aromatische Kohlenwasserstoffe, Benzol) bis zu biologischen Einflüssen (zum Beispiel Hepatitis-Viren). Auch regional-örtliche Besonderheiten (Strahlung in der Umgebung von Atomkraftwerken) oder die Art der Exposition (zum Beispiel Chemikalien im Innenraum) sind bei der Ursachenermittlung von Bedeutung. Natürlich ist zu berücksichtigen, dass es Krebs auch in Zeiten vor der Technisierung und Chemisierung unseres Lebens gegeben hat. Die vielfältigen Erkenntnisse der modernen Toxikologie legen jedoch nahe, dass die meisten Entartungen von Zellen einen anthropogenen Ursprung haben.

In vielen Fällen ist das Wissen um die Mechanismen der Krebsentstehung weit gediehen. Aber welche menschlichen Verhaltensweisen stehen dahinter, wenn beispielsweise – wie in der Vergangenheit wiederkehrend zu beobachten – giftige Chemikalien unkontrolliert, d. h. ohne Abschätzung der möglichen gesundheitlichen Wirkungen produziert und auf den Markt gebracht werden? Wenn erste Hinweise und Warnungen von den Herstellern und Konzernen in den Wind geschlagen oder unterdrückt werden? Wenn zunehmende wissenschaftliche Erkenntnisse unter den Teppich gekehrt (verheimlicht) oder abgewiegelt werden? Wenn über das Lobbying der Gesetzgeber beeinflusst wird, damit notwendige Grenzwerte verhindert oder weitgehend abgeschwächt werden? Dieses Vorgehen lässt sich inzwischen als wiederkehrendes System entlarven und ist hinreichend dokumentiert (Umweltbundesamt 2004). Lässt sich dahinter der Widersacher erahnen, der das, was die Schöpfung an Gutem hervorgebracht hat (»Und Gott sah an alles, was er gemacht hatte, und siehe, es war sehr gut.« 1. Mos 1,31), aus dem Lot bringen will? Denn all die unzureichend auf Folgen hin untersuchten Produktentwicklungen und Entscheidungen tragen die Handschrift von konkreten Menschen, die dies zu verantworten haben.

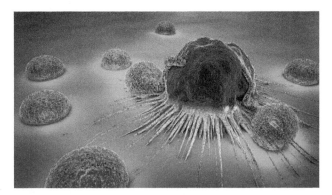

Abbildung 38: Eine Krebszelle und Lymphozyten (Bild: iStock, man_at_mouse).

Bedeutung der elektromagnetischen Felder

Aus der Vielzahl möglicher Ursachen bzw. -auslöser vieler gesundheitlicher Effekte durch unsere chemisch, biologisch und physikalisch verunreinigte, ja oft verseuchte Umwelt möchte ich ein Thema besonders herausheben, das sich in den letzten beiden Jahrzehnten drastisch entwickelt hat: die Verseuchung unserer Lebenswelt durch niederfrequente elektrische und magnetische Felder (Kühling & Germann 2017) sowie hochfrequente elektromagnetische Felder (EMF) bzw. nicht ionisierende Strahlung (Kühling & Germann 2016). Die hohe Bedeutung ergibt sich aus der Tatsache, dass hier das »Leben an sich« als Kern von Gottes Schöpfung massiv geschädigt werden kann: pflanzliches, tierisches und menschliches Leben. In lebenden Organismen verständigen sich die Zellen, Gewebe und Organe nicht nur über chemische Botenstoffe, sondern auch über elektrische Signale,[20] sind also auf ein funktionsfähiges, möglichst ungestörtes bioelektrisches System und damit auf die natürlich vorkommenden Felder angewiesen. Diese Felder in meist geringer Intensität ermöglichen erst lebende Systeme, wenn beispielsweise die menschlichen Nervenzellen im Gehirn und Rückenmark Informationen verarbeiten und die Muskeln zu Aktivitäten anregen:

»Alles Leben vollzieht sich in einer elektromagnetischen Umwelt. Alle Lebewesen sind elektromagnetisch determiniert. Die natürlichen EMF-Frequenzen unserer Umwelt takten sich regulierend in die Informationsprozesse lebender Systeme ein. Die Bioelektrizität gewährleistet die Energie der Lebensprozesse. Gestörte Bioelektrizität bedeutet Krankheit. Ihre Abwesenheit bedeutet Tod.« (Hecht 2018).

Das Problem besteht nun darin, dass insbesondere in den letzten Jahrzehnten zu den natürlichen Feldern[21] künstliche, vom Menschen geschaffene

---

[20] Beispiele sind die Herzspannungskurven im EKG, die Gehirnspannungskurven im EEG oder die Muskelspannungskurven im EMG.

[21] Natürliche elektromagnetische Felder existieren neben dem Erdmagnetfeld und der Elektrostatik der Luft oder Materialien sowie den elektromagnetischen Entladungen durch Gewitteraktivitäten (sog. Sferics) fast ausschließlich in Form von Wärmestrahlung, Licht und ionisierender Strahlung.

Felder hinzukommen, die die natürlichen in ihrer Stärke heute in der Regel um viele Größenordnungen überlagern. Dies übt einen erheblichen Einfluss auf das bio-elektrische System von Organismen aus. Denn sowohl niederfrequente magnetische Wechselfelder als auch hochfrequente EMF haben die Eigenschaft, Körper (wie Beton oder Organismen) zu durchdringen. Niemand kann sich dem entziehen, sie machen nicht vor der eigenen Wohnung halt. Die obere Leiste in Abbildung 39 zeigt, dass in der Schöpfung von jeher nur einige natürliche elektrische und magnetische Felder unseres Planeten bereits existent waren und die Evolution der Arten entscheidend mitgestaltet haben. Allerdings gab es bis in den Bereich von etwa 100 Gigahertz keine nennenswerten Einwirkungen durch höhere Frequenzen und die Lebewesen konnten sich darauf einstellen (Warnke 2007). Die untere Leiste dagegen zeigt die neu hinzugekommenen künstlichen Frequenzen und Anwendungen.

Die heute drastisch gesteigerte Einwirkung durch technische Strahlung mit verschiedenen Frequenzen wirkt nun störend bis schädigend auf das vegetative und zentrale Nervensystem, Hormone, Chromosomen und Zellen ein. Es besteht offensichtlich auch eine Wechselwirkung zwischen der Stressauslösung durch Lebensumstände und durch Mobilfunkstrahlung. Die Forschungsergebnisse zu den Wirkungen der nicht ionisierenden Strahlung auf die Zellen zeigen gleiche Wirkungsmechanismen wie die umweltmedizinische Burn-Out-Forschung (Warnke & Hensinger 2013). Plausible Modelle für die Wirkmechanismen dahinter sind bekannt (Abbildung 40).

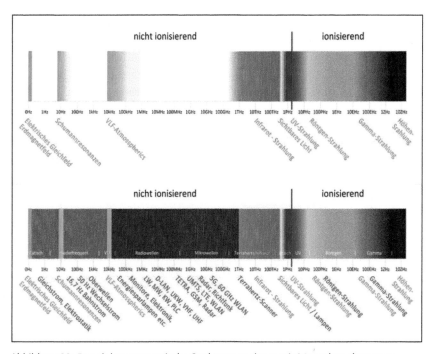

Abbildung 39: Das elektromagnetische Spektrum und was wir Menschen daraus gemacht haben. Die obere Leiste zeigt bis in den Bereich um 300 Gigahertz nur einzelne
natürliche Frequenzen (grüne Bezeichnungen), denen sich die Evolution angepasst hat.
Die untere Leiste zeigt die heute einwirkenden Frequenzen durch anthropogene Techniken, zum Beispiel Energieversorgung, Rundfunk, Mobilfunk (rote Bezeichnungen)
(Quelle: diagnose:funk nach Oberfeld 2005).

Eine kritische Erwärmung von Körperzellen durch sehr energiereiche Strahlung soll durch entsprechende Grenzwerte ausgeschlossen werden. Diese
beruhen auf den Aussagen eines international besetzten Industriegremiums
(International Commission on Non-Ionizing Radiation Protection –
ICNIRP). Große Sorge machen sehr viel geringere Strahlendosen im nicht
thermischen Bereich, die dort nicht erfasst werden. Sie bewirken vielzählige
biologische Effekte. So ist eine Beeinflussung der Hirnströme ausreichend
nachgewiesen. Über eine Beeinflussung der Durchblutung des Gehirns, für
eine Beeinträchtigung der Spermienqualität, für eine Destabilisierung der
Erbinformation sowie für Auswirkungen auf die Expression von Genen, den

programmierten Zelltod und oxidativen Zellstress liegen deutliche Erkenntnisse vor, um nur wenige Beispiele zu nennen. Die krebspromovierende Wirkung (Krebs wächst schneller, wenn eine Mobilfunkbestrahlung vorliegt), wird inzwischen als bestätigte Erkenntnis angesehen (BfS 2018). Zur Illustration der möglichen Gefährdung sei gesagt, dass ein aus gesundheitlicher Sicht begründbarer Schutz (BUND 2008) bei einem mit maximaler Sendeleistung betriebenen Smartphone erst bei einem Abstand von rund fünf Metern Abstand gegeben ist. Dies zeigen entsprechende Untersuchungen (Bornkessel 2015). Auch bei den niederfrequenten Wechselfeldern des Haushaltsstroms sind bereits seit langer Zeit Auswirkungen hinsichtlich einer besonderen Form von Leukämie bei Kindern unter Hochspannungsleitungen belegt (Geschwentner & Pölzl 2011).

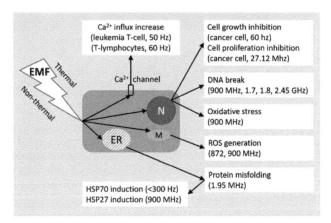

Abbildung 40: Zusammenfassung der Effekte elektromagnetischer Felder auf der Zellebene. EMF: Elektromagnetisches Feld; N: Nukleus; ER: Endoplasmatisches Retikulum; M: Mitochondrien (eigene Darstellung nach Gye & Park 2012).

Inzwischen mehren sich die Forderungen, dass die internationalen Gremien ihre bisherigen Bewertungen revidieren sollten. So stellt Lin (2018), von 2004 bis 2016 ICNIRP-Kommissar und von 2008 bis 2012 Vorsitzender des Ständigen Ausschusses für Physik und Technik der ICNIRP als Fazit einer Tagung fest, dass die Ergebnisse der Krebsstudie des National Toxicology

Program (NTP)[22] nahelegen, dass die derzeitigen Richtlinien zur Hochfrequenz-Exposition zum Schutz der menschlichen Gesundheit unzureichend sind. Darüber hinaus empfiehlt er, dass die Internationale Agentur für Krebsforschung (IARC) die Forschung neu bewertet und die Einstufung der HF-Strahlung von *möglicherweise krebserregend für den Menschen* (Gruppe 2B) auf *wahrscheinlich krebserregend* (Gruppe 2A) höhergruppiert wird. Die Arbeitsgruppe um Prof. Lennart Hardell (Universität Örebro, Schweden) fordert in ihrer Gesamtbewertung der Ergebnisse der internationalen Forschungslage zu Mobilfunk und Krebs weitergehend, dass die WHO (IARC) Mobilfunkstrahlung als *Krebs erregend* in die Kategorie 1 eingestuft werden muss (Hardell et al. 2018).

Im Zuge der Digitalisierung und der damit rasant angestiegenen Anwendung und Vernetzung von Geräten durch hochfrequente elektromagnetische Felder (HF-EMF) ist in nahezu allen Lebensbereichen eine deutlich erhöhte Strahlenbelastung zu erwarten, vor allem auch durch den Ausbau der entsprechenden Infrastruktur (5G, Mobilfunk der 5. Generation). Hinzu kommen weitere gesundheitlich wirksame Quellen, wie Induktionsmagnetfelder, Radar und andere.

Hunderte Wissenschaftler und Ärzte sowie einige zigtausend Einzelpersonen und Organisationen aus 110 Ländern fordern inzwischen ein Moratorium beim Ausbau des 5G-Standards, bis Risiken für die menschliche Gesundheit und die Umwelt durch industrieunabhängige Wissenschaftler erforscht sind.[23] Hinsichtlich der mit 5G geplanten Nutzung zusätzlicher Frequenzbänder sieht selbst das Bundesamt für Strahlenschutz (BfS) noch Forschungsbedarf. Trotzdem wurden bereits im Frühjahr 2019 neue Frequenzen dafür versteigert.

5G wird die Exposition gegenüber HF-EMF stark erhöhen, indem es zu den bisherigen Funkstandards (GSM, UMTS, LTE, WLAN u. a.) hinzukommt. Es ist zu erwarten, dass 5G zu einer massiven Zunahme der Zwangsexposition durch Funkstrahlung führt. Da diese Technologie bei höheren Frequenzen nur über kurze Entfernungen funktioniert, werden viele

---

[22] Eine 25 Millionen-Dollar-Studie der US-Regierung als bisher »größtes und komplexestes Studienprogramm« zum Thema.

[23] https://www.5gspaceappeal.org/the-appeal/; 05.02.2019.

neue Antennen benötigt. Die vollständige Einführung wird in städtischen Gebieten zu einem Abstand alle zehn bis zwölf Häuser führen (Telekom: »In den Städten sollen rund 10.000 kleine Funkzellen die Versorgung in Gebäuden erhöhen«). Für das autonome Fahren plant die Industrie eine massive Erhöhung der Senderdichte und die flächendeckende, lückenlose Bestrahlung der gesamten Umwelt mit relativ hohen Leistungsflussdichten. Die bisher meist deutliche Unterschreitung der (allerdings viel zu hohen) Grenzwerte wird voraussichtlich stark verkürzt bzw. ganz aufgehoben werden. Noch vorhandene relativ funkfreie Gebieten wird es kaum noch geben. Geplant ist zudem eine Veränderung der Bewertungsgrundlagen zur Berechnung der Sicherheitsabstände (Bundesministerium für Verkehr 2017). Mit der immer umfangreicheren Nutzung kabelloser Techniken kann sich kaum jemand mehr der Einstrahlung entziehen. Neben der erhöhten Anzahl von 5G-Stationen und -Zellen werden laut Schätzungen zukünftig 10 bis 20 Milliarden Funkanschlüsse (von Kühlschränken, Waschmaschinen, Überwachungskameras, selbstfahrenden Autos, Bussen usw.) Teil des Internets der Dinge sein.

Hintergründe

Bisher unterlag die Störung oder Zerstörung von Leben durch vom Menschen geschaffene chemische, physikalische und biologische Noxen einem eher räumlich und zeitlich begrenzten Umfang. Durch die enorme Verbreitung und Steigerung der künstlichen elektromagnetischen Strahlung kommt es nun zu einem massiven Angriff auf die Funktionsfähigkeit von lebenden Systemen bzw. Zellen in allen Organismen. Die inzwischen weltumspannende Ausbreitung dieser Technologie zeigt diesen Angriff in einer bisher kaum erreichten Dimension. Organische Wirkungen und Krebs als Folge stellen dabei nur eine, aber sicher auch gravierende Diagnose dar. Hinsichtlich der gesundheitlichen Effekte muss auch die gesteigerte Nutzung von Elektrizität (u. a. Wechselstrom) generell gesehen werden. Der große Transporteur dieser Entwicklung aber ist der Mensch, der allzu bereitwillig auf Bequemlichkeit und Erleichterung setzt. Zu schnell ist er zu verleiten, hier alle Angebote (und zum Teil auch götzengleich) aufzugreifen (siehe Kapitel 7.4). Die eher verborgenen Hintergründe und Zusammenhänge werden dabei oft nicht erkannt (Thiede 2012, Richter et al. 2017). Der Versucher wirkt aber gerade im Verborgenen und nutzt unsere Schwächen und Bequemlichkeiten aus.

Hinzu kommt, dass Hersteller und Behörden die gesundheitlichen Risiken oder Gefährdungen oft herunterspielen oder verschweigen. Mehr noch: es wird argumentiert, dass es schließlich einer Abwägung bedarf, bei welcher Bequemlichkeit man eben welche Risiken in Kauf nehmen müsse. Jeder könne ja für sich entscheiden. Ähnliche Beispiele sind bereits hinsichtlich Genuss oder Sucht angesprochen (Kapitel 5.1). Wobei hier nicht einer Technikfeindlichkeit das Wort geredet werden soll. Natürlich darf es Annehmlichkeiten durch Technik geben, solange sie vom Menschen gewollt ist, bewusst kontrolliert werden kann und nachhaltig gestaltet ist, damit die Lebensfähigkeit auf diesem Planeten gesichert bleibt bzw. dies mit der Bewahrung der Schöpfung vereinbar ist. Und solange solche Technik nicht als »Nebenwirkung« die Funktions- und Lebensfähigkeit von Organismen stört bzw. zerstört. Denn es geht hier nicht nur um den Menschen, sondern auch um Nutz- und Wildtiere sowie Pflanzen. Vom Bienen- und Insektensterben bis zu Baumschäden reicht die Palette der auch mit Funkstrahlung in Beziehung zu setzenden Effekte. Aus der Vielzahl solcher Studien sei zur Vertiefung auf Warnke (2007) verwiesen. Der Versucher scheint nun mit der weltumspannenden Verstrahlung durch Funktechnologien einen Generalangriff zu starten.

Bedenklich ist ferner, dass erforderliche Grenzen zum Schutz vor Belastungen oder entsprechende Gegenmaßnahmen oftmals nicht gezogen bzw. getroffen werden, weil kein ausreichender Nachweis über Wirkungen vorliege. Die Formulierung eines fehlenden »wissenschaftlichen Nachweises« erweckt so leicht den Eindruck, als hätten auch aufwändige wissenschaftliche Versuchsanordnungen in Studien beispielsweise in biologischen Organismen *keine* Reaktionen gezeigt. Dagegen wird mit dieser Formulierung ausgedrückt, dass – in einem (eingeschränkten) naturwissenschaftlichen Verständnis – auch kein *Wirkungsmechanismus* als Dosis-Wirkung-Beziehung[24] bekannt ist, der den Zusammenhang zwischen der ursächlich einwirkenden Noxe und der konkreten Wirkung in einem Zielorgan zuverlässig beschreibt. In wissenschaftlichen Studien aufgezeigte Effekte (oft sogar als statistisch signifikant ermittelt oder auch als »Hinweise«, »Beobachtungen« o. ä. bezeichnet) werden also als »nicht nachgewiesen« abgetan, weil man nicht weiß, *warum* diese Effekte auftreten. Mit der gleichen Logik kann man die Existenz des Universums in Zweifel ziehen, denn dessen Ursache kann auch niemand schlüssig erklären. Niemand schreibt jedoch diesen wissenschaftlich nachgewiesenen Kausalbezug vor, aber das bloße »sich dahinter verstecken« schafft die Voraussetzungen für weiterhin stattfindende Angriffe auf das Leben.

Als ein intensiv diskutiertes Beispiel in diesem Zusammenhang sei die sogenannte KIKK-Studie genannt, die eine signifikante Erhöhung der Leukämierate bei Kleinkindern in der Umgebung von Atomkraftwerken im Fünf-Kilometer-Umkreis festgestellt hat (Spix. et al. 2008). Diese Erhöhung zeigt mehr als eine Verdoppelung gegenüber der normalerweise zu erwartenden Leukämierate. Obwohl alle wissenschaftlich denkbaren weiteren Ursachen ausgeschlossen werden konnten, wurde der geltende Grenzwert für die ionisierende Strahlung nicht verändert mit der Begründung, dass der ursächliche Wirkungsmechanismus zu dieser Leukämie (noch) nicht erklärbar ist.

Gerichte und Behörden folgen auch dem wissenschaftlich nicht haltbaren Umstand, dass Schwellen- oder Grenzwerte in der Regel auf die jeweils für sich isoliert betrachtete chemische oder physikalische Noxe abstellen. Denn es ist heute kaum eine Lebens- oder Umweltsituation vorstellbar, die nicht durch eine gleichzeitige Vielzahl unterschiedlicher und möglicherweise gesundheitsgefährdender Einwirkungen geprägt ist. Bei einer solchen Mehrfachbelastung (Kühling 2012) wirken in der Regel verschiedene Schadkomponenten und unterschiedliche Belastungsarten wie Luftschadstoffe, Lärm und Strahlen gleichzeitig ein. Wenn das genaue Ausmaß solcher Belastungen und das Zusammenwirken einzelner Komponenten oft

---

[24] Die Dosis-Wirkungs-Beziehung beschreibt eine (funktionale) Beziehung zwischen der quantitativ gemessenen Präsenz, z. B. Konzentration einer Noxe und der dadurch verursachten Wirkung beim Zielorganismus.

schwer zu quantifizieren ist, so darf das bewusste Selektieren von Informationen nicht die realen Tatsachen verdecken. Hier stört auch das meist verwaltungstechnische sektorale Denken und Arbeiten. Man darf sicher die Frage stellen, ob das Einordnen von Problemen in einfache, überschaubare Schubladen und das stetige Suchen in Vertiefungen, Verästelungen und Feinheiten letztlich auch von einem nötigen Überblick über das Ganze ablenkt. Die Gesamtschau, dass gesamthafte oder auch vernetzte Denken führt aber erst zur notwendigen Erkenntnis der Zusammenhänge und hilft, über kluge Analysen auch vernünftige Strategien und Maßnahmen zu entwickeln. So könnten die Kurskorrekturen des fehlgeleiteten Tankers zumindest in Gang gesetzt werden. In der Tagespolitik ist von solch notwendigen Schritten bzw. Maßnahmen allerdings kaum etwas wahrzunehmen. Der zukünftige Weg auf unserer Erde wird wohl – auch wenn man dies unabhängig von der Offenbarung betrachtet – auf manche Zusammenbrüche hinauslaufen. Was wäre, wenn all die Kraft und Zeit sowie das für die immer detailliertere Forschung aufgewendete Kapital für eine lebenswertere, gerechtere und friedfertigere Welt eingesetzt würde? Paulus beschreibt den Menschen sehr deutlich auch als Wissensversessenen:

»Zu ihnen gehören auch die, [...] die immer auf neue Lehren aus sind und nie zur Erkenntnis der Wahrheit kommen können.« (2. Tim 3,6f).

Wenn ich der Offenbarung folge, kann ich dahinter auch den Verführer sehen. Gerade in der heutigen Wissensgesellschaft wird vieles darangesetzt, jedes noch so kleine Detail zu erforschen, in immer tiefere Zusammenhänge zu schauen (wie zum Beispiel hinsichtlich der ursächlich-kausal erklärbaren Krebsentstehung). So halten immer wieder neue, noch offene und ganz spezielle Fragen davon ab, notwendige Grenzen für eine noch tolerable Belastung zu ziehen oder Maßnahmen auszulösen.

8.3 Die weiteren Schalen des Zorns

Die zweite und dritte Schale des Zorns

Die zweite Schale wird nun ausgegossen und das Meer wird zu Blut. Und alle Lebewesen im Meer sterben (Offb 16,3). Hier ist an die Erklärungen in Kapitel 6.2 anzuknüpfen, allerdings mit der Verschärfung, dass dies nicht nur einen Teil der Meere betrifft, sondern alle Lebewesen im Meer vernichtet werden. Offensichtlich werden die Posaunen nicht gehört und die Menschen verweigern sich weiterhin einer Umkehr (auch unter dem Eindruck der Ereignisse), die dadurch geschieht, dass sie Gott die Ehre geben und seine Gebote halten.

Mit dem Ausgießen der dritten Schale werden die Flüsse und Quellen zu Blut. Die Verse fünf bis sieben klären darüber auf, dass die Übel auf all diejenigen fällt, die das Blut der Christen vergossen haben.

Die vierte Schale wird ausgegossen

Wie in Kapitel 15 bei Johannes und auch zuvor bereits angesprochen (Kapitel 8.1), wird der Eindruck eines Feuersees erweckt bzw. werden die Menschen bei der vierten Schale mit Feuer oder Gluthitze versengt (Offb 16,8). Aus dem Zusammenhang der verschiedenen Prophezeiungen, die in immer heftigere Auseinandersetzungen der Menschen unter dem Diktat der Tiere zu münden scheinen, lässt sich hier möglicherweise auch der Einsatz von Atomwaffen sehen. Die ungeheure Kraft moderner Atombomben (Abbildung 37) zeigt möglicherweise eine moderne Darstellung des historischen, von Johannes beschriebenen Bildes.

Dramatisch ist aber die Feststellung, dass trotzdem der Name Gottes von den Menschen verflucht werden wird und sich die Menschen unter dem Eindruck der Ereignisse nicht verändern und sich weigern, die Herrlichkeit Gottes zu preisen (Offb 16,9).

Die fünfte Schale

Die fünfte Schale wird über den Thron des Tieres ausgegossen, sodass es in seinem Reich dunkel wurde (Offb 16,10). Neben den Erklärungen zur vierten Posaune (Kapitel 6.4) lässt sich mit der hier angesprochenen Verfinsterung auch die geistige Finsternis interpretieren, die das Tier, der Verführer über die Menschen bringt. Und abermals wird festgestellt, dass die Menschen den Gott des Himmels verfluchen und nicht mit ihrem Handeln aufhören.

Die sechste Schale

Bei der sechsten Schale versiegt das Wasser im Fluss Euphrat, sodass der Weg bereit wird für die Könige aus dem Osten (Offb 16,12). Wie bereits oben angesprochen (Kapitel 6.7), könnte die sechste Posaune eine große, weltweite militärische Auseinandersetzung einleiten. Nun versammeln sich die Streitkräfte der Finsternis zum Kampf am großen Tag Gottes, angestiftet durch die drei Geister des Drachen, des Tieres und des falschen Propheten (Offb 16,13f). Dieser endzeitliche Kampf gegen die Mächte des Bösen soll stattfinden am Berg von Meggido (Harmagedon), mit dem das Gegenbild zum Berg Zion (dem Ort, wo Gott regiert) beschrieben wird.

Die siebte Schale

Beim Ausgießen der siebten Schale ertönt eine Stimme vom Thron Gottes und sagt »Es ist so weit!« Gewitter, Erdbeben und Hagel von nie da gewesenem Ausmaß erschüttern den Kosmos und die große Stadt Babylon bricht auseinander. Auch die Städte der Nationen stürzen ein (Offb 16,19). Und immer noch verfluchen die Menschen Gott wegen der Hagelplage. Die Versuche Gottes, die Menschheit zur Umkehr zu bewegen, sind nun zu Ende. Die Menschen weigern sich weiterhin hartnäckig, zu bereuen.

9 Die Zerstörung Babylons und Christi Sieg

Insbesondere die sieben Zornesschalen geben Anlass nachzudenken, ob von der Hoffnung auf eine *allein von menschlicher* Einsicht angetriebenen, zukünftig nachhaltig und ökologisch bewirtschafteten Welt unter der gerechten Teilhabe aller Abstand zu nehmen ist. In den Kapiteln 17 und 18 wird die Zerstörung der »Hure Babylon« beschrieben, einer Stadt, mit der die Könige der Erde »Unzucht getrieben haben« (bildlich beschrieben für die Verehrung fremder Götter). Diese Stadt gilt als Sinnbild einer »Behausung der Teufel und ein Gefängnis aller unreinen Geister«, durch sie sind »die Kaufleute der Erde reich geworden durch ihren verschwenderischen Luxus« (Offb 18,2f).

Die Reaktionen auf die Zerstörung sind, dass sowohl die Könige als auch die Kaufleute der Erde weinen und um sie trauern:

»Denn niemand kauft mehr ihre Ware: Gold und Silber, Edelstein und Perlen. Feinstes Leinen und Seide, purpur- und scharlachrote Stoffe. All das wohlriechende Holz. All die Schnitzereien aus Elfenbein und all die Gegenstände aus Edelholz, Bronze, Eisen oder Marmor. Dazu auch Zimt und Haarbalsam, Räucherwerk, Salböl und Weihrauch. Wein und Öl, feines Mehl und Weizen. Rinder und Schafe, Pferde und Wagen, Sklaven, ja: lebende Menschen. Auch das Obst, das du über alles geliebt hast, ist weg. Deine ganze Pracht und dein strahlender Glanz sind verloren gegangen. Nichts wird davon übrigbleiben. Die Kaufleute, die mit alldem Handel getrieben haben, sind durch die Stadt reich geworden. Aus Angst vor ihrer Qual bleiben sie weinend und klagend in sicherer Entfernung stehen. Sie werden sagen: ›Wie schrecklich, wie schrecklich für die große Stadt! Sie war bekleidet mit feinstem Leinen, purpur- und scharlachroten Gewändern. Sie war geschmückt mit Gold, Edelstein und Perlen. [...]‹ Ebenso hielten sich alle in sicherer Entfernung, die auf dem Meer arbeiten – jeder Steuermann, jeder, der in der Schifffahrt tätig ist, sowie die Seeleute. [...] Sie riefen: ›Wie schrecklich, wie schrecklich für die große Stadt! Alle, die Schiffe auf dem Meer haben, sind durch ihren Wohlstand reich geworden.

Und in einer einzigen Stunde ist sie vernichtet worden!‹« (Offb 18,11–19).

Auch heute stehen kommerzielle Aspekte mehr denn je im Vordergrund. Es spiegelt sich darin die Raffgier wider, die heute mehr denn je zu beklagende Kraft nicht nur hinter dem System der kapitalistischen Wirtschaft durch Konzerne und Finanzwirtschaft, sondern auch im einzelnen Menschen. Als nur ein Beispiel seien die Erscheinungen der oft als »Heuschrecken« bezeichneten Hedge-Fonds angeführt. Oder die auch nicht vor dem einzelnen Verbraucher haltmachende »Geiz ist geil«-Werbung, um auch den letzten Euro aus der Tasche derer zu ziehen, die ohnehin ihre Ausgaben zügeln müssten. Die meist nicht direkt sichtbaren Folgen dieser Lebens- und Produktionsweise sind Umweltzerstörung, Ausbeutung von Arbeiterinnen und Arbeitern und vieles andere mehr (vergleiche zum Beispiel weiter vorn Kapitel 6).

Die generellen Folgen der Posaunen und Zornesschalen könnten erwarten lassen, dass sich die wirtschaftliche Prosperität und der Wohlstand verringern und dies zu einem Rückgang des Welthandels und damit des Warenaustausches über die Weltmeere führt. Mit der Hervorhebung der Gruppe der Kaufleute, Schiffsherren und Seefahrer wird ausgedrückt, dass die oben beschriebenen kommerziellen Aspekte, die Gewinnsucht als verführerische Kraft (siehe Kapitel 7.2 bis 7.4) eine der zentralen Ursachen der Abwendung von Gott darstellt. Sieht man die heutige Dimension der Investitions- und Warenströme in globalem Maßstab (Abbildung 41) und die der Globalisierung immanente Sucht zur Steigerung der Gewinne (bei Ausbeutung der menschlichen, natürlichen und kulturellen Ressourcen), so begegnet uns Babylon heute eigentlich überall. Und die Elemente Bronze, Eisen oder Marmor können nahtlos ergänzt werden durch Autos, Computer, Spielzeug, die ganze bunte Vielfalt der heutigen Warenpalette.

In Kapitel 19 der Offenbarung werden dann Lobgesänge im Himmel und auf der Erde über die Verurteilung der großen Hure und die Rückkehr Christi beschrieben:

»Dann sah ich den Himmel offen. Sieh doch: ein strahlend weißes Pferd! Und der darauf saß, heißt ›der Treue und Wahrhaftige‹. Er richtet und kämpft voller Gerechtigkeit. [...] Ein Name stand auf ihm geschrieben, den niemand kennt außer ihm selbst. [...] Sein Name lautete: ›Das Wort Gottes‹. [...] Auf seinem Gewand und auf seinem Schenkel steht der Name: ›König über alle Könige und Herr über alle Herren.‹« (Offb 19,11–16).

Während das Tier und mit ihm der falsche Prophet in einen See aus Feuer geworfen werden (Offb 19,20), und damit das Imperium des Kapitalismus zerbricht, wird der Satan (»der Drache, die Schlange aus uralter Zeit«) für eine lange Zeit gefesselt (Offb 20,2). Eine friedliche tausendjährige Herrschaft Christi beginnt, zusammen mit den auferstandenen Märtyrern, die als Zeugen für Jesu und Gottes Wort eintraten. Dazu zählen auch diejenigen Christen bzw. Heiligen, die das Tier nicht angebetet hatten, also Jesu gefolgt sind (Offb 20,4). Dies wird als die erste Auferstehung bezeichnet. Diese Auferstandenen werden Gott und Christus tausend Jahre (als Beschreibung für eine sehr lange Zeit) als Priester dienen. Nach dieser Zeit wird der der Satan kurz freigelassen und wird noch einmal sein Unheil versuchen, dann aber vernichtet bzw. für immer in einen »See aus Feuer und Schwefel geworfen.« (Offb 20,8–10).

Abbildung 41: Eines der großen von 40.000 Containerschiffen für den Austausch von Gütern und Waren in der Welt (Bild: pixabay).

10 Das Gericht, der neue Himmel und die neue Erde

Wenn diese tausendjährige Herrschaft vorüber ist, sollen auch alle diejenigen Menschen auferstehen, die sich zu Lebzeiten nicht zu Christus bekannt haben bzw. ihre Schuld nicht bereut haben. Alle, die einfachen Leute wie die Mächtigen, stehen dann vor dem Thron Gottes, wenn Schriften über ihre Taten geöffnet werden; auch das Buch des Lebens wird geöffnet. Jeder Einzelne wird beurteilt und wer nicht im Buch des Lebens verzeichnet ist, über den wird das Urteil gesprochen und er zählt zu den Toten, die nicht das Leben erlangen (Offb 20,12f). Wie dies bereits bei Matthäus angekündigt wird:

»Der Menschensohn wird seine Engel aussenden. Sie werden aus seinem Reich alle einsammeln, die andere davon abbringen und Gottes Gesetz nicht halten. Und die Engel werden sie in den brennenden Ofen werfen. Dort gibt es nur Heulen und Zähneklappern. Aber die nach Gottes Willen leben – sie werden wie die Sonne strahlen im Reich ihres Vaters. Wer Ohren zum Hören hat, soll gut zuhören!« (Mt 13,41–43).

In einen See aus Feuer geworfen werden auch der Tod als solcher und das gesamte Totenreich. Dieser Teil der Welt ist damit beendet. Die Stätte dieses Gerichts ist nicht mehr auf der Erde, denn die Erde und der Himmel sind entflohen, für sie gab es keinen Platz mehr, vor diesem Ereignis muss alles zurücktreten. In Kapitel 21 beschreibt Johannes dann den neuen Himmel und die neue Erde:

»Dann sah ich einen neuen Himmel und eine neue Erde. […] die heilige Stadt: das neue Jerusalem. Sie kam von Gott aus dem Himmel herab – für die Hochzeit bereit wie eine Braut, die sich für ihren Mann geschmückt hat. […] Gottes Wohnung bei den Menschen! Er wird bei ihnen wohnen und sie werden seine Völker sein. Gott selbst wird als ihr Gott bei ihnen sein. Und er wird jede Träne abwischen von ihren Augen. Es wird keinen Tod und keine Trauer mehr geben, kein Klagegeschrei und keinen Schmerz. Denn was früher war, ist vergangen. […] Wer Durst hat, dem gebe ich umsonst zu trinken. Ich gebe ihm von der Quelle, aus der das Wasser des Lebens fließt. Wer den Sieg erringt, wird das alles als Erbe erhalten. Ich werde sein Gott sein und er wird mein Kind sein. […] Er zeigte mir die heilige Stadt Jerusalem. Sie kam von Gott aus dem Himmel herab. Gottes Herrlichkeit leuchtet in ihr. Sie funkelt wie ein Edelstein, wie kristallklarer Jaspis. […] In der Stadt sah ich keinen Tempel. Denn ihr Tempel ist Gott, der Herr, der Herrscher über die ganze Welt – er selbst und das Lamm. Die Stadt braucht weder Sonne noch Mond, die für sie scheinen. Denn die Herrlichkeit Gottes leuchtet in ihr, und ihr Leuchter ist das Lamm. Die Nationen werden in ihrem Licht leben. Und die Könige der Erde bringen ihre ganze Pracht und Herrlichkeit in sie hinein. Die Tore der Stadt werden tagsüber nie geschlossen. Und eine Nacht wird es dort gar nicht mehr geben. […] Hinein kommt nur, wer im Buch des Lebens steht, dem Buch, das dem Lamm gehört.« (Offb 21, Auszug).

Hier wird ein neuer Himmel und eine neue Erde beschrieben, das Reich Gottes (»… denn das Erste ist vergangen.«). Offensichtlich zeigt sich dies in einer kaum vorstellbaren Schönheit, Reichlichkeit und mit völliger Geborgenheit, Liebe, Frieden, Angenommensein und vieles mehr. Diejenigen, die im Buch des Lebens eingetragen sind und das ewige Leben ererben, erleben nun die ganze Fülle ihrer Erlösung. Im Vaterunser beten wir dies: »Dein Reich komme« (Mt 6,10), aber was ist dieses »Reich Gottes«? Ergänzend zu den zuvor beschriebenen Attributen beschreibt Paulus dies so:

»Menschen aus Fleisch und Blut können das Reich Gottes nicht erben. Was vergänglich ist, kann nicht unsterblich werden. […] wir werden aber alle verwandelt werden. […] da werden die Toten zu unvergänglichem Leben erweckt. […] Wenn das geschieht, geht das Wort in Erfüllung, das in der Heiligen Schrift steht: »Der Tod ist vernichtet! Der Sieg ist vollkommen!« (1. Kor 15,50–55).

Es wird also ein verwandeltes Leben sein. Mehr noch: der ganze Himmel und die ganze Erde werden verwandelt sein müssen. Denn durch die Sünde des Menschen ist alles verdorben, die katastrophalen Folgen menschlicher Überheblichkeit und Arroganz wie Eingriffe in die Natur und Lebensprozesse, ja deren Zerstörungen, auch Denkmäler und Götzen können nicht die Grundlage für diese herrliche neue Welt sein. Die bisherige Welt wird vergehen müssen.

Es schließt sich der Kreis, der bei Adam und Eva bzw. mit der Geschichte Gottes und Abraham als Vater der Stämme Israels begann. Mit dem Finale der Johannesoffenbarung, das zum Schluss der gesamten Bibel geworden ist, zeigt sich das Primat des universalen Heilswillens Gottes, dem das Gericht nicht über-, sondern untergeordnet ist (Söding 2007). Die Abkehr von Gottes Weg durch den Sündenfall im Paradies (siehe Kapitel 2) zieht sich durch die Menschheitsgeschichte bis heute mit den drastischen Folgen bzw. Erscheinungsformen (wie zum Beispiel Gewalt, Kriege und Umweltzerstörungen).

Doch Gottes Vorhaben vom Menschen im Paradies ist dadurch nicht gescheitert: Die Offenbarung zeigt zum einen, wie diese Fehlentwicklungen durch die Macht des Bösen in uns Menschen letztlich ausgemerzt werden. Zum anderen ist uns die Reue möglich und Erlösung durch Jesus Christus geschenkt, damit Menschen geheilt werden und so das neue Leben erhalten, was in der Teilnahme an seinem Reich gipfelt. Diese Menschen werden als Gottes Volk, verwandelt als neue Wesen, mit ihm und in aller Herrlichkeit, Gerechtigkeit und Ewigkeit dort leben, was als die neue Stadt Jerusalem bezeichnet ist. Dieses Reich wird sich in einem anderen, vom heutigen irdischen Sein entkoppelten Zustand befinden. Die Verwandlung des Menschen für dieses Reich erscheint auch zwingend nötig, da ein Leben in dieser Welt mangels Fähigkeit zur Erkenntnis der darüber- oder dahinterliegenden göttlichen Wahrheit keinen direkten Zugang zu der Welt Gottes aus diesem weltlichen Leben heraus bietet. Wir sind also auf diese großartige Erlösung durch Glauben und die Auferstehung als Verwandelte angewiesen.

Mit der Ankündigung des Reichs Gottes (dem himmlischen Jerusalem) wird also nicht das Ziel einer Entwicklung beschrieben, sondern die zwar noch ausstehende, aber immer schon bestehende Heilszusage Gottes erfüllt.

11 Die Verheißungen der Bibel erfüllen sich

Bereits im Alten Testament finden sich viele Stellen, die eindrücklich auf das Gericht, den *Tag des Herrn* hinweisen, so zum Beispiel:

»Heulet, denn des Herrn Tag ist nahe; er kommt wie eine Verwüstung vom Allmächtigen.« (Jes. 13,6); »Des Herrn Tag kommt grausam, zornig, grimmig, die Erde zu verwüsten und die Sünder von ihr zu vertilgen.« (Jes 13,9).

»Denn dies ist der Tag Gottes, des Herrn Zebaoth, ein Tag der Vergeltung, dass er sich an seinen Feinden räche.« (Jer 46,10).

»Des HERRN großer Tag ist nahe, er ist nahe und eilt sehr. Horch, der bittere Tag des HERRN! Da werden die Starken schreien. Denn dieser Tag ist ein Tag des Grimmes, ein Tag der Trübsal und der Angst, ein Tag des Wetters und des Ungestüms, ein Tag der Finsternis und des Dunkels, ein Tag der Wolken und des Nebels, ein Tag der Posaune und des Kriegsgeschreis gegen die festen Städte und die hohen Zinnen. […] Es wird sie ihr Silber und Gold nicht erretten können am Tage des Zorns des HERRN, sondern das ganze Land soll durch das Feuer seines Grimmes verzehrt werden; denn er wird plötzlich ein Ende machen mit allen, die im Lande wohnen.« (Zefanja 1,14–17).

Solche und ähnliche Aussagen im Buch der Offenbarung werden auf der Kanzel gerne etwas umgangen oder auf positivere Aspekte begrenzt. Nicht nur, weil manche Bilder schwer zu interpretieren sind, sondern durchaus Ängste hinsichtlich der zu erwartenden, dramatischen Entwicklungen ausgelöst werden können. Studiere ich das Buch der Offenbarung etwas tiefer (wie es hier ansatzweise versucht wird) und stelle es in den größeren Zusammenhang der Schrift, sehe ich, wie sich die Geschichte Gottes mit den Menschen (die im Paradies begann) letztlich im Paradies wieder schließt. Und das ist die große Botschaft dort: Gott will uns im Paradies sehen! Er lässt nichts unversucht, die absolut tragische und lange Geschichte des menschlichen Versagens und der Verirrungen letztlich wieder zu heilen. Damit stellt sich das Buch der Offenbarung als großes Zeugnis der Liebe

Gottes zu seinen Menschen dar und schürt unsere Zuversicht mit den genannten Verheißungen der neuen Erde und des neuen Himmels. Auch die zu erwartenden Bedrängnisse werden im Brief des Paulus an die Römer aus dieser Gnade heraus in ein neues Licht getaucht:

>»Weil wir also aufgrund des Glaubens als gerecht gelten, haben wir Frieden, der auch bei Gott gilt. Das verdanken wir unserem Herrn Jesus Christus. Durch den Glauben hat er uns den Zugang zur Gnade Gottes ermöglicht. Sie ist der Grund, auf dem wir stehen. Und wir dürfen stolz sein auf die sichere Hoffnung, zur Herrlichkeit Gottes zu gelangen. Aber nicht nur das. Wir dürfen auch auf das stolz sein, was wir gegenwärtig erleiden müssen. Denn wir wissen: Das Leid lehrt, standhaft zu bleiben. Die Standhaftigkeit lehrt, sich zu bewähren. Die Bewährung lehrt zu hoffen. Aber die Hoffnung macht uns nicht zum Gespött. Denn Gott hat seine Liebe in unsere Herzen hineingegossen. Das ist durch den Heiligen Geist geschehen, den Gott uns geschenkt hat.« (Röm 5,1–5)

Ein recht klares und eindrucksvolles Bild dieser göttlichen Liebe zeichnet das Gleichnis vom verlorenen Sohn im Lukasevangelium (Lk 15,11–32). Durch die dort sichtbare, kaum vorstellbare Liebe zu uns, letztlich dokumentiert durch Jesu Tod am Kreuz, wird uns Rettung, Vergebung zuteil. Wenn ich Ihn anrufe und um Vergebung bitte, wird mir alle Schuld getilgt. Schuld als Synonym für eine gestörte Beziehung zu Ihm, Selbstverherrlichung, Abkehr von den Geboten und Jesu Ermahnungen in der Bergpredigt. Seine Vergebung und Annahme schützt mich vor dem Bösen, hilft mir, von Ungerechtigkeit und Verlogenheit abzulassen. Und letztlich wirft Er all das in den »feurigen Pfuhl«, was an Verwirrungen, Verwerfungen, Abartigkeiten in dieser irdischen Welt entstanden ist und dem Satan gehorchte. Diese Botschaft befreit nicht nur für das persönliche Leben, sondern befreit alle Menschen, die durch Vergebung gerecht werden.

Diese Befreiung wird darüber hinaus mit einem neuen Leben in Zukunft belohnt. Durch ein Dasein in tiefer Freude, im inneren und äußeren absoluten Frieden, in einer totalen Umkehr der tiefen inneren Sehnsucht nach Geborgenheit und Anerkennung. Man kann es auch als ein vollständiges

»Erlöstsein« ansehen. Dieser Zustand ist schwer zu beschreiben, da wir uns nicht vorstellen können, wie ein Leben ohne Abstand (zwischen Jenseits und Diesseits) zu Gott bzw. ein Leben mit Ihm gemeinsam in Herrlichkeit aussehen könnte. Der eine oder die andere kennen (beispielsweise bei sportlichen Herausforderungen) dieses Jauchzen, was als Glücksgefühl unbändig aus einem herausbricht, wenn alle Bedingungen genau passen. Das Kapitel 22 trägt in der Basisbibel die Überschrift »Die Stadt als neues Paradies«. Die Geschichte Gottes mit den Menschen beginnt bei 1. Mose 2,5ff mit dem Paradies und endet also im Paradies bei Johannes. Und aus dem Baum der Erkenntnis wird ein Baum der Heilung. Die paradiesische Vollkommenheit dieser neuen Stadt Jerusalem wird dort so beschrieben:

> »Dann zeigte mir der Engel einen Fluss mit dem Wasser des Lebens. Der Fluss war klar wie Kristall. Er entspringt aus dem Thron Gottes und des Lammes. In der Mitte des Hauptplatzes der Stadt, auf beiden Seiten des Flusses – dort wächst der Baum des Lebens. Der Baum trägt zwölfmal Früchte, jeden Monat bringt er seine Frucht. Und die Blätter des Baumes dienen den Nationen zur Heilung. Es wird nichts mehr geben, das unter einem Fluch steht. Der Thron Gottes und des Lammes wird in der Stadt stehen. Und ihre Bewohner werden ihn als seine Diener anbeten. Sie werden sein Angesicht sehen und sein Name wird auf ihrer Stirn stehen. Es wird nie mehr Nacht sein. Und Gottes Diener brauchen weder das Licht eines Leuchters noch das Licht der Sonne. Denn Gott, der Herr, wird über ihnen leuchten. Und sie werden herrschen für immer und ewig.« (Offb 22,1–5).

Danach folgen noch Erklärungen über die Zuverlässigkeit dieser Worte, teils Warnungen, und abschließend bekräftigt Johannes die Botschaft dieser Offenbarung mit Jesu Worten:

> »Sieh doch: Ich komme bald! Und den Lohn bringe ich mit. Ich werde jedem das geben, was seinem Handeln entspricht. Ich bin das Alpha und das Omega, der Erste und der Letzte, der Anfang und das Ende.« (Offb 22,12f).

Begonnen habe ich die Betrachtung mit der Jahreslosung 2018, die auch mit dem Schlusssatz in Kapitel 22,17 der Offenbarung wiederholt werden kann. Dort spricht Christus mit den Worten des Johannes: »›Komm!‹ Und wer es hört, soll ebenfalls sagen: ›Komm!‹ Wer Durst hat, soll kommen! Wer möchte, bekommt das Wasser des Lebens umsonst.«

12 Wie heute leben mit diesen Erkenntnissen? Versuch eines Fazits

Wie zu Beginn angedeutet, ist eine zeitliche Allokation der in der Offenbarung beschriebenen verschiedenen Erscheinungen bzw. Prophezeiungen kaum möglich. Es wird sicher sinnvoll sein, innerhalb jeder Epoche oder Zeiterscheinung eine eigene Auseinandersetzung mit den von Johannes gesehenen Bildern und Ankündigungen zu führen. Dazu bieten die verschiedenen Bilder genügend Anregungen, auch jenseits einer tieferen theologisch-kritischen Durchdringung. Und solange sich dies im Gesamtverständnis der Schrift bewegt. Auch der persönliche individuelle Zugang zum Wort Gottes wird bei der Betrachtung dieses besonderen Buches eine Rolle spielen. Daher stelle ich mir die Frage, was aus diesen Ankündigungen und den damit in Zusammenhang gebrachten, heutigen Zeichen für Schlüsse oder Anregungen gezogen werden könnten.

Generell vollendet sich mit diesem letzten, etwas sperrigen Buch des Johannes in der Bibel die ganze Geschichte Gottes mit den Menschen. Diese Geschichte drücke ich einmal grob verkürzt und ein wenig vereinfacht so aus: Gott hat uns in dieses Paradies Erde hineingestellt, aber der Mensch hat das alles – verführt durch die Schlange am Baum der Erkenntnis – gründlich vergeigt. Doch Gott lässt in seiner unvorstellbaren Liebe zu seinem Werk nicht locker, der Ausschluss aus dem Paradies ist nicht endgültig. Er kommt als Mensch durch Jesus Christus zu mir, um mir die Rückkehr zu Ihm, zum auferstandenen Leben, zum Paradies zu ermöglichen; wenn ich denn die Abkehr von Gott (meine »Schuld«) bereue und die Vergebung dieser Schuld durch Christus am Kreuz annehme. Dann »entsorgt« er – wie es die Offenbarung näher schildert – diese »Schlange aus uralter Zeit«, damit ich ungestört mit ihm endgültig das Paradies (die neue Stadt Jerusalem) genießen kann.

Die Bilder und Hinweise der Johannesoffenbarung bieten viele Orientierungshilfen zur Einordnung weltlicher Erscheinungen mit den fortwährenden Versuchen des Verführers, mich vom Weg hin zu diesem Paradies abzuhalten. Er will mich von der Gnade durch Jesus am Kreuz abhalten und schickt mich auf falsche Wege, vernebelt meine Sinne und was immer er an vielfältigsten Möglichkeiten anbietet, damit ich der Heilung und Rettung ausweiche. Entscheidend wird also sein, diese Versuche im Alltag, im realen Leben zu erkennen und sich damit aktiv auseinanderzusetzen. Wobei die Sicht von der individuell-persönlichen bis zur übergeordneten gesellschaftlich-politischen Dimension reichen kann. Aber eine »Problemlösung« wird letztlich immer nur beim einzelnen Menschen, bei mir persönlich ansetzen können. Was aber auch bedeuten kann, dass die freigewordene Kraft durch ein neues Leben in Christus allerhand Versuche und Aktivitäten entfaltet, um die Störungen des Zusammenlebens und die ökologischen Verwerfungen auch in den dafür verantwortlichen Strukturen zu mindern oder zu bewältigen.

In jüngster Zeit mehren sich Stimmen auf verschiedenen Ebenen mit der unverhohlenen Feststellung, der Kampf gegen den Klimawandel sei mehr oder weniger verloren (Schnabel 2020, Rühle 2020). Mit dem Erkennen kaum mehr rückholbarer Entwicklungen (sog. Kipp-Punkte) etc. werde in wenigen Jahren ein Kollaps verschiedener Systeme eintreten. So schreibt es der bekannte Schriftsteller Jonathan Franzen (2020) in einem Essay zur bevorstehenden Klima-Apokalypse. Man wisse seit dreißig Jahren um die Dynamik und die Ursachen des Klimawandels, seit ebenfalls dreißig Jahren erreiche der CO_2-Ausstoß immer neue Weltrekordhöhen, um nun festzustellen: »es ist aus«. Man könne zwar darauf hoffen, dass sich die Katastrophe verhindern lasse, doch er empfiehlt anzuerkennen, dass wir verloren seien und neu darüber nachdenken müssten, was es heißt, Hoffnung zu haben. Er entwirft eine »Ethik des Trotzdem«.

Zugegeben, die Sachlage ist erdrückend, die Fakten sprechen eine ernüchternde Sprache, wie es in den vorherigen Kapiteln zum Ausdruck gekommen ist: das Klima spielt zunehmend verrückt, die Anzahl wetterbedingter Naturkatastrophen hat sich seit 1980 etwa verdreifacht (so der Rückversicherer Munich Re), die Meere sind ähnlich wie manche Landstriche zur Müllhalde verkommen, die Vielfalt der Arten schrumpft enorm, der Wassermangel wird in manchen Erdteilen dramatische Folgen annehmen. Ganz zu schweigen von den immerwährenden Kriegen und Angriffen auf die Freiheit, höchst unmoralische Staatsführungen überall in der Welt und so fort.

Man muss nicht so weit gehen wie die australische »Denkfabrik« Breakthrough National Centre for Climate Restoration, die aus dem Forschungsstand zum Weltklima gefolgert hat: Es bestehe das realistische Risiko, dass die Menschheit bis 2050 ausstirbt, wenn wir weitermachen wie bisher. Aber bei allen möglichen Widersprüchen lauten Schlussfolgerungen, dass es durchaus realistisch ist, dass wir die nötigen Begrenzungen in unserer Lebenshaltung auf ein noch erträgliches Maß an Veränderungen nicht ohne gesellschaftliche Krisen erreichen können.

Inzwischen wird auch darüber geforscht, wie gesellschaftlichen Zusammenbrüchen begegnet werden kann bzw. wie man dort hindurchkommt. Als einer der Wortführer hat Bendell (2018) den »Wegweiser, um uns durch die Klimakatastrophe zu führen« geschrieben. Der Nachhaltigkeitsforscher spricht davon, dass es zu einem unvermeidlichen gesellschaftlichen Zusammenbruch aufgrund des Klimawandels kommen wird. Dabei gebe es unkontrollierbare Veränderungen auf vielen Ebenen gleichzeitig (in der Landwirtschaft, Überschwemmungen, Epidemien, Hungersnöte, Flüchtlingsströme etc.). Insbesondere können Infrastruktursysteme versagen, die Erosion der Zivilisation könne zu menschlichen Übergriffen führen und vieles mehr. Er schätzt, dass noch in diesem Jahrzehnt der soziale Kollaps in den meisten Teilen der Welt beginnt. Es wird also darauf ankommen, wie sich Gesellschaften dabei organisieren, um nicht zu zerbrechen. Aber auch diese Sicht ist nicht neu, bereits im Jahre 1996 hat der Wissenschaftliche Beirat der Bundesregierung Globale Umweltveränderungen (WBGU) in seinem Jahresgutachten »Welt im Wandel – Herausforderung für die deutsche Wissenschaft« deutlich benannt, dass die Menschheit zum ersten Mal in ihrer Geschichte einen Punkt erreicht hat, an dem Entwicklungs- und Umweltprobleme zu einer ernsthaften globalen Überlebenskrise führen. Mit 16 wichtigen Krankheitsbildern wurden die »Erkrankungen« des Planeten Erde systematisch identifiziert.

Was aufgrund dieses Sachstands besonders nachdenklich macht ist die Vermutung, dass zwar die Aufrechterhaltung von demokratischer Zivilgesellschaft und Rechtsstaatlichkeit am ehesten geeignet scheint, mit solchen Umbrüchen umzugehen, gleichzeitig aber weltweit zu beobachten ist, dass sowohl die Sprachlosigkeit gegenüber katastrophalen Entwicklungen zunimmt als auch Gegensätze in der Gesellschaft immer lauter und hasserfüllter aufgebaut werden. Dies erschwert ein Herangehen an intelligente und verlässliche Lösungen.

Es wird also notwendig, neben vielfältigen, möglichst intelligenten (also auch ökologisch konfliktfreien) technischen und organisatorischen Lösungen zum Erhalt dieser Welt auch die Art und Weise des miteinander Umgehens zu erfassen und zukunftsfähig zu gestalten. Man müsste also unter anderem darüber nachdenken:

- Wie lässt sich die Resilienz (Widerstandsfähigkeit) der Gesellschaft stärken?

- Welche Änderungen unseres gesellschaftlichen Wertesystems sind anzustreben (z. B. Umkehr des immer Mehr, Schneller, Weiter; wie gelingt eine Begrenzung des Konsums bzw. Wachstums)?

- Lässt sich eine »Ethik des Trotzdem« entwickeln? Können wir neu nachdenken, was es heißt, Hoffnung zu haben und doch die Einsicht in das Unvermeidliche zu ertragen?

- Wie konkret lässt sich die Aufgabe der Kirchen hier formulieren und wie kann die Hoffnung der biblischen Botschaft vermittelt werden?

- Wie können aufkeimende Ängste abgebaut und positive Handlungen vor Ort angeleitet werden?

- Wie lassen sich örtliche Strukturen des Zusammenhalts aufbauen, örtliche Dialoge dazu einrichten?

Im Bewusstsein tiefgreifender, das vernünftige Zusammenleben gefährdender Veränderungen sollten an allen Orten, wo dies möglich ist, Gesprächs-Foren eingerichtet werden. Denn in offenen Gesprächen lässt sich Gemeinschaft und Vertrauen zueinander aufbauen und können Vernetzungen entwickelt werden, die bei möglichen Veränderungen Hilfe und Halt geben können. Durch mehr »Miteinander« lassen sich die heute zu beobachtenden Kräfte der Zerstreuung und des »Gegeneinander« begrenzen. Dabei darf nicht außer Acht bleiben, dass oft nicht wir Menschen als Problemverursacher gleichzeitig auch die Problemlöser sind, sondern der Auferstandene sowohl im Hier und Jetzt, als auch zukünftig am Ende dieser Welt als Retter und Tröster steht für die, die sich ihm verbindlich anvertrauen.

»Fürchte dich nicht, liebes Land, sondern sei fröhlich und getrost; denn der HERR hat Großes getan.« (Joel 2,21)

Damit ergänzt der biblische Ansatz einerseits die jüngste Veröffentlichung des Club of Rome (v. Weizsäcker et al. 2017), der schon recht klar die inzwischen notwendige ethische und philosophische Dimension einer zukünftigen Welt anspricht, in der ein Leben noch möglich wäre. Die Autoren fordern eine Balance unter anderem zwischen Mensch und Natur, zwischen Geschwindigkeit und Stabilität, zwischen Staat und Religion. Das westliche Denken, wo die Rechthaberei gedeiht, müsse sich dem östlichen Denken des Yin- und Yang der Balance nähern (v. Weizsäcker et al. 2018). Andererseits fragt sich, ob dieser Ansatz allein gelingen kann, oder ob neben der zuvor beschriebenen Abkehr von der (noch) herrschenden Kraft des Bösen letztlich nur dessen Vernichtung helfen kann. Wobei diese Vernichtung eben nicht in den Möglichkeiten des Menschen, sondern allein in der Hand des von Gott dazu auserkorenen Christus' liegt. Wie auch eine persönliche Entfremdung von Gott nicht aus dem eigenen Willen allein überwunden werden kann, sondern der Vergebung durch Jesu Kreuz und der Taufe in ein neues Leben bedarf. Zum weiteren Verständnis dieses zentralen Glaubensaktes sei auf die *Rechtfertigungslehre*[25] verwiesen.

Zusammenfassend lassen sich beispielhaft vier wesentliche Fragen stellen, die helfen können, die Einwirkungen des großen Widersachers auf den skizzierten Weg Gottes mit uns Menschen aus einer Perspektive mit etwas Abstand zu erkennen. Damit können keine abschließenden Lösungen skizziert werden, da ein Leben heute – zumal in den ökonomisch und technisch hoch entwickelten Ländern – mit allerlei Widersprüchen zurechtkommen muss. Zu tief sind wir oft verwoben in persönliche, berufliche und andere Abhängigkeiten, die eine klare und einfache Haltung erschweren. Mit der Auseinandersetzung der auf mich einwirkenden Kräfte und der Hinwendung zu einem Gott, der mir in Christus eine kaum vorstellbare Liebe beweist,

---

[25] Die Rechtfertigungslehre geht davon aus, dass Menschen nie durch gute Taten dem Anspruch gerecht werden, den Gott an sie stellt, sondern dass man auf Gottes Gnade vertrauen müsse und ganz auf sie angewiesen sei.
[https://www.ekd.de/Rechtfertigung-11252.htm; 17.07.2019]

lassen sich aber gangbare Lösungen in jedem persönlichen Lebensweg finden.

Lasse ich mich als Werkzeug des Verführers benutzen?

Der Verführer will mich als Werkzeug benutzen, indem er versucht, mein Handeln zu beeinflussen. Dies geschieht beispielsweise, indem ich oft leichtfertig und mehr oder weniger unbewusst, kleine und große, zum Teil aber gravierende Beziehungs- und Umweltzerstörungen auslöse, die mit der Art und Weise meines Lebens verbunden sind. Wodurch die natürlichen, durch die Schöpfung bereitgestellten und für die Zukunft des Menschen notwendigen Lebensräume durch Überschreitung der natürlichen Grenzen zerstört werden (siehe zum Beispiel die Kapitel 6.1 bis 6.5). Doch der Satan will die Schöpfung nicht nur zerstören, sondern auch gezielt infrage stellen und manipulieren, er will mich als Werkzeug benutzen, damit ich es dem Schöpfer gleichtue; ja er will, dass ich mich über ihn erhebe und so zum sündigen Menschen werde. Dies gelingt ihm zum Beispiel durch den Menschen als Werkzeug bei der Schaffung »neuer« Lebenssysteme, die Schöpferqualitäten zeigen (siehe das erste Beispiel in Kapitel 3).

Er verleitet mich zu Egoismus, Gewinnsucht bzw. Profitstreben sogar mit der Folge kriegerischer Konflikte, damit die Ungleichheit und Ungerechtigkeit global und lokal immer stärker wirksam wird und »die Liebe in uns erkaltet«. Der Mechanismus unseres kapitalistischen Wirtschaftssystems hilft dabei in geradezu perfekter Weise (siehe insbesondere die Kapitel 7.2 bis 7.4). Wir sind erzogen und eingebunden in die entsprechende Denk- und Lebensweise, machen wie selbstverständlich mit und merken nicht einmal, dass wir hier seinen perfiden Strategien aufsitzen.

Schon früh spielte die vom Menschen entwickelte Technik gerade bei kriegerischen Auseinandersetzungen dem Bösen in die Hände. Die heute bereits hoch entwickelte Digitalisierung hat es sogar geschafft, das ursprüngliche »Wort«, das für den Beginn der Geschichte des lebendigen Gottes mit den Menschen steht, soweit technisch zu verwandeln, dass der Mensch zunehmend direkt und indirekt vom Computer bzw. der Technik beherrscht wird. Und Menschen sich fasziniert immer stärker davon ablenken und vereinnahmen lassen. Letztlich werden lebendige, verantwortliche, menschliche Verhaltensweisen und Entscheidungen durch uniforme technische Algorithmen ersetzt, das lebendige Wort verliert oft an Bedeutung, droht zu sterben (siehe Kapitel 7.5).

Die Weiterentwicklung der digitalen Vernetzung durch funkbasierte Kommunikation bringt zudem eine physikalische Entwicklung mit sich, die auf die Lebensfähigkeit aller natürlichen, lebenden Systeme (Mensch, Flora, Fauna) einwirkt. Der bisher für die Evolution benötigte Freiraum vor elektromagnetischen Feldern und Strahlen wird nun durch technische Funkstrahlung, Radar und weitere Komponenten mit großer Leistungsstärke so ausgefüllt und beeinflusst, dass es zur Störung und Entgleisung von lebenden Systemen kommt (siehe Kapitel 8.2). Die im Hintergrund wirksamen Kräfte des Verführers setzen damit über den Menschen als Werkzeug zum Generalangriff auf die gesamte Schöpfung schlechthin an. Wie weit lasse ich mich dabei hineinziehen?

Bin ich wachsam genug?

Das Annehmen der befreienden Botschaft des Evangeliums, das Vertrauen auf Vergebung und die bedingungslose Hingabe zu Christus hilft, der realen Kraft des Bösen zu widerstehen und frei zu werden für das neue Paradies. Die oft verborgenen Mechanismen und Kräfte des Bösen in der uns umgebenden Welt dringen oft jedoch nicht so deutlich ins Bewusstsein, sind meist nicht Teil unserer direkten Wahrnehmung. Es stimmt nachdenklich, wenn selbst in der jüngeren Geschichte immer wieder heftige Posaunenstöße die Menschen offensichtlich nicht genug zum Nachdenken, geschweige denn zur Umkehr bewogen haben. Sehen wir beispielsweise auf die teilweise Kernschmelze in Harrisburg 1979, die Explosion des Reaktors in Tschernobyl 1986 oder an die Nuklearkatastrophe in Fukushima 2011. Erschreckend, dass selbst solche Ereignisse die Menschen in den betreffenden Nationen weder zum Umschwenken auf andere Energieträger noch zur Änderung des bisherigen Energiekonsums geführt haben. »Weiter so wie bisher«, so lautet offensichtlich die Devise.

Wir könnten daher den Anspruch haben, gemäß der Aussage im 1. Petr 5,8 (siehe vorn in Kapitel 2) diese laufenden Prozesse und Kräfte um uns herum zu erkennen und zu erörtern, zu analysieren und versuchen zu durchschauen. Dann lässt sich womöglich die Frage beantworten: Wer oder Was steckt dahinter, welche Kraft ist hier am Werk? Ist es die heilende, göttliche Kraft oder die letztlich todbringende Kraft des Bösen? Wenn ich mich der Aufgabe stelle, die Beobachtungen in dieser Welt einzuordnen, wenn ich mich selbst prüfe, inwieweit ich genügend Abstand zu den bösen Mächten habe oder frei davon bin, dann lassen sich auch gegebenenfalls Konsequenzen für mein Leben ziehen. Ich kann dann innehalten, andere Wege gehen und ggf. auch umkehren. Nicht außer Acht bleiben darf dabei die über allem stehende Zusage der Vergebung; gerade dann, wenn nicht immer klar ist, ob das eigene Tun im Widerspruch zur christlichen Nächstenliebe steht. Oder wenn ein Leben gerade in einer globalisierten und technisierten Welt allerhand Widersprüche und Abhängigkeiten provoziert und ein komplettes Ausscheren oft nicht ohne weiteres praktiziert werden kann.

Gebe ich mich zu leichtfertig dem Babylon hin?

Aus dem zuvor Gesagten folgt möglicherweise die praktische Auseinandersetzung im konkreten persönlichen, aber auch gesellschaftlichen Leben. Wie eingangs mit dem Bild der direkten Teilnahme in einem real ablaufenden »Film« beschrieben, lebe ich mittendrin im Babylon, dem »Sündenpfuhl« (wie es die Offenbarung benennt), der vernichtet werden wird. Angesichts Gottes Zorns auf alle Abtrünnigen, die ihr Leben verlieren werden, muss ich mich fragen, wie ich in einer solchen Umgebung ganz alltäglich mein Leben führe – selbst oder gerade auch dann, wenn ich in der Gnade und Annahme durch Jesus Christus lebe: Wie lebe ich, wie gehe ich mit meinen Mitmenschen um, wo kaufe ich was ein, wo und wie wird etwas hergestellt? Welche Ausbeutung der von Gott geliebten Menschen und der Schöpfung verbirgt sich hinter meiner Lebensführung? In welcher Form bin ich mobil unterwegs und vieles andere mehr. Es geht also darum, sich mit dem Einfluss dieser gegenwärtigen, oft mehr oder weniger deutlich vom Bösen geprägten Welt bewusst(er) auseinanderzusetzen oder auch hier und da anderes Verhalten einzuüben oder auch von erkannten Missständen fernzubleiben.

Die Bibel nennt reichliche Beispiele hinsichtlich des miteinander Umgehens, wie wir dies aus den Geboten und vor allem der Bergpredigt kennen. Ausschweifungen werden schnell einsichtig und die heutigen Entsprechungen liegen auf der Hand. Weniger intensiv schaut sie auf die heute sichtbaren materiellen und finanziellen Aspekte einer vernetzten, auf Profitsteigerung ausgerichteten Wirtschaft einerseits und die oft damit verbundene erbarmungslose Nutzung natürlicher und anderer Ressourcen andererseits. Dass hier im konkreten Detail vor Ort oft Menschen ausgebeutet werden und leiden, ob als Beschäftigte oder anderweitig Betroffene, bleibt wegen oft großer Entfernungen zwischen Herstellung und Verbrauch ebenso wenig sichtbar wie die oft kaum nachvollziehbaren einzelnen Stationen bei der Herstellung eines Produkts. Diese Ausbeutung und Übernutzung betrifft auch die natürlichen Lebensgrundlagen. Es sollte also darauf ankommen, nicht nur beim menschlichen Miteinander verantwortungsvoll und liebevoll zu denken, zu sprechen und zu handeln, sondern auch beim materiellen Konsum und der Güterproduktion überlegt zu handeln. Damit in der oft verborgenen sogenannten Wertschöpfungskette keine Menschen leiden oder ausgenutzt werden und die Umweltfolgen begrenzt bleiben. Hierzu gibt es vielfältige Anleitungen und Hilfen, die sich erschließen lassen.

Konkrete generelle Ansatzpunkte sind beispielsweise neben einer energiesparsamen Lebensweise die Verringerung des fossilen Energieverbrauchs, die Überprüfung und Hinterfragung der Ernährungs- und Reisegewohnheiten, die Reduzierung und Änderung des materiellen Konsums (BUND & Misereor 1996) (BUND et al. 2008). Dies soll und darf kein Aufruf zur völligen Askese sein. Doch wenn man bedenkt, dass im Bundesdurchschnitt jede Person etwa zehn Tonnen Kohlendioxid pro Jahr erzeugt, beim Zugestehen einer gerechten Verteilung im weltweiten Maßstab aber pro Person allenfalls etwa zwei Tonnen Kohlendioxid dieser Welt zuträglich wären, dann wird die Dimensionen einer nötigen Kurskorrektur sichtbar. Ansatzpunkte sind natürlich nicht nur entsprechende Verhaltensänderungen des Einzelnen, sondern auch die Veränderung entsprechender Rahmenbedingungen durch politische Festlegungen, damit geändertes Verhalten auch induziert und möglich gemacht wird.

Freue ich mich auf die Verheißung?

Die vorhergehenden Aspekte einer nur schwer entrinnbaren Verstrickung mit dieser, von Gott abgefallenen und ihm entgegengewandten Welt dürfen nicht den Blick auf die gerade in der Offenbarung final aufgezeigte Verheißung des nicht mehr gestörten Paradieses verstellen:

> »In der Tat liegt die Geschichte nicht in den Händen dunkler Gewalten, des Zufalls oder rein menschlicher Entscheidungen. Über den sich entfesselnden bösen Mächten, über dem mit Gewalt eindringenden Satan, über den vielen Plagen und Übeln, mit denen wir konfrontiert sind, steht der Herr, der höchste Richter der Geschichte. Er führt sie weise zum Aufgang des neuen Himmels und der neuen Erde, die im letzten Teil des Buches unter dem Bild des neuen Jerusalem besungen werden.« (Benedikt XVI. 2015, S. 28).

Gott steht dem menschlichen Schicksal also nicht gleichgültig gegenüber, sondern sein Handeln soll ein Zeichen sein zur Einsicht und Umkehr. Er lädt mich ein, sein verborgenes Handeln zu erkennen. Wenn ich mich darauf einlasse, kann ich in der Offenbarungsgeschichte die real wirkende Kraft Gottes erkennen. Dies wird wohl nur gelingen, wenn ich einen starken Verbündeten suche oder habe, wie es Petrus beschreibt:

> »Tut Buße und jeder von euch lasse sich taufen auf den Namen Jesu Christi zur Vergebung eurer Sünden, so werdet ihr empfangen die Gabe des Heiligen Geistes.« (Apg 2,38).

Dieser Geist befähigt, die oben beschriebene wunderbare Vision eines neuen Jerusalems nicht nur anzunehmen, sondern als das Ziel des Lebens, als Heimat anzusehen, nach der wir uns »verzehren« (Benedikt XVI. 2015, S. 45). Ein solches Lebensziel wird nicht immer von heute auf morgen erreicht werden können, zumal die Vergebung Geschenk ist und sich der »Einforderung« entzieht. Mitunter bedarf es da eines (längeren) Weges. Auf diesem Weg gilt, was Paulus im Brief an die Thessalonicher ausdrückte: »Der Herr ist treu; der wird euch stärken und bewahren vor dem Bösen.« (2. Thess 3,3). Das verheißene Ziel in Kapitel 21 der Offenbarung lohnt allemal, beharrlich angestrebt zu werden:

»Und ich sah die heilige Stadt, das neue Jerusalem, von Gott aus
dem Himmel herabkommen, bereitet wie eine geschmückte Braut
für ihren Mann. Und ich hörte eine große Stimme von dem Thron
her, die sprach: Siehe da, die Hütte Gottes bei den Menschen! Und
er wird bei ihnen wohnen, und sie werden sein Volk sein und er
selbst, Gott mit ihnen, wird ihr Gott sein; und Gott wird abwischen
alle Tränen von ihren Augen, und der Tod wird nicht mehr sein,
noch Leid noch Geschrei noch Schmerz wird mehr sein; denn das
Erste ist vergangen.« (Offb 21,1-4)

Nicht zuletzt lässt sich dies auch mit der globalen und doch einfachen For-
mel ausdrücken:

»Trachtet zuerst nach dem Reich Gottes und nach seiner Gerechtigkeit, so wird euch das alles zufallen.« (Mt 6,33).

Dem kann ich – so die eigene Erfahrung – nichts hinzufügen. Damit sei auch
die Rolle und Zukunft des Unrechts in dieser Welt geklärt. Heute liegt es an
der Bereitschaft jedes einzelnen, sich durch Christus aus der schuldhaften
Verstrickung befreien zu lassen. Für die Zukunft verheißt die Offenbarung,
dass das Böse nicht mehr sein wird.

Ausgang[26]

Ein alter Indianer sitzt mit seinem Sohn am Lagerfeuer und spricht:

»Mein Sohn, in jedem von uns tobt ein Kampf zwischen zwei Wölfen. Der eine Wolf ist böse. Er kämpft mit Neid, Eifersucht, Gier, Arroganz, Selbstmitleid, Lügen, Überheblichkeit, Egoismus und Missgunst. Der andere Wolf ist gut. Er kämpft mit Liebe, Freude, Frieden, Hoffnung, Gelassenheit, Güte, Mitgefühl, Großzügigkeit, Dankbarkeit, Vertrauen und Wahrheit.«

Der Sohn fragt: »Und welcher der beiden Wölfe gewinnt?«

Der alte Indianer schweigt eine Weile.

Dann sagt er: »Der, den du fütterst.«

---

[26] https://www.halloklarheit.de/blogs/news/2woelfe; 07.02.2019.

Literatur

Ärzte Zeitung (2018): Zahl der Krebsdiagnosen steigt weltweit. Ärzte Zeitung online, 13.09.2018. [https://www.aerztezeitung.de/medizin/krankheiten/krebs/article/971403/who-bericht-zahl-krebsdiagnosen-steigt-weltweit.html; 20.01.2019].

Assheuer, T. (2018): Macht und Sex, in: Die Zeit Nr. 41, S. 52.

Bayerischer Rundfunk (2012): Die Schlange und der Ursprung des Bösen, 06.09.2012. [https://www.br.de/radio/bayern2/sendungen/radiowissen/mensch-natur-umwelt/schlange-ursprung100.html; 20.01.2019].

Behrens, C. (2017): Der Smog des Internets, in: Süddeutsche Zeitung, 9.12.2017. [https://www.sueddeutsche.de/wissen/bitcoin-der-smog-des-internets-1.3783651; 20.01.2019].

Bendell, J. (2018): Deep Adaptation. [https://jembendell.com/2019/05/15/deep-adaptation-versions/; 19.02.2020].

Benedikt XVI. – Ratzinger, J. (2015): Die Offenbarung des Johannes – (K)ein Buch mit sieben Siegeln, Leipzig.

Berg, C. (2020): Ist Nachhaltigkeit utopisch? Wie wir Barrieren überwinden und zukunftsfähig handeln. München.

BfS – Bundesamt für Strahlenschutz (2018): Mögliche tumorfördernde Wirkung hochfrequenter elektromagnetischer Felder. [http://www.bfs.de/DE/bfs/wissenschaft-forschung/ergebnisse/hff-tumorfoerderung/hff-tumorfoerderung_node.html; 20.01.2019].

BGR – Bundesanstalt für Geowissenschaften und Rohstoffe (2019): Erdbeben mit Magnitude größer als 5 seit 05.02.2018. [https://www.bgr.bund.de/DE/Themen/Erdbeben-Gefaehrdungsanalysen/Seismologie/Seismologie/weltweit_1Jahr/weltweit_node.html; 05.02.2019]

Bidault, O. (2017): 29 beängstigende Fakten über globale Wasserverschmutzung. [https://www.waterlogic.de/blog/29-beangstigende-fakten-uber-globale-wasserverschmutzung/; 20.01.2019].

Bornkessel, C. (2015): Systematische Erfassung der HF-Gesamtimmission in typischen Alltagssituationen. Im Auftrag des Informationszentrums Mobilfunk (IZMF) e.V. Berlin.

Böttrich, C. (2014): Apokalyptik (NT). [https://www.
bibelwissenschaft.de/stichwort/49908/; 20.01.2019].

BPB – Bundeszentrale für politische Bildung (2017 a): Unterernährung,
01.07.2017. [http://www.bpb.de/nachschlagen/zahlen-und-fakten/
globalisierung/52693/unterernaehrung; 05.02.2019]

BPB – Bundeszentrale für politische Bildung (2017 b): Bevölkerungsent-
wicklung. [http://www.bpb.de/52699; 20.01.2019].

BR – Bayerischer Rundfunk (2018): Die Wüste wächst - jedes Jahr um Ir-
land, 22.06.2018. [https://www.br.de/themen/wissen/wueste-
ausbreitung-desertifikation-verwuestung-100.html; 20.01.2019].

BUND – Bund für Umwelt und Naturschutz & Misereor (Hrsg.) (1996):
Zukunftsfähiges Deutschland – Ein Beitrag zu einer global nachhaltigen Entwicklung. Basel, Boston, Berlin.

BUND – Bund für Umwelt und Naturschutz (2008): Für zukunftsfähige
Funktechnologien. Berlin. [https://www.bund.net/service/
publikationen/detail/publication/fuer-zukunftsfaehige-
funktechnologien/; 20.01.2019].

BUND – Bund für Umwelt und Naturschutz (o. J.): ToxFox: Scannen, fragen, giftfrei einkaufen. [https://www.bund.net/chemie/toxfox/;
04.02.2019]

BUND – Bund für Umwelt und Naturschutz, Brot für die Welt & Evange-
lischer Entwicklungsdienst (Hrsg.) (2008): Zukunftsfähiges Deutschland in einer globalisierten Welt. Ein Anstoß zur gesellschaftlichen Debatte. Eine Studie des Wuppertal Instituts für Klima, Umwelt, Energie.
Frankfurt.

Bundesministerium für Verkehr (2017): 5G-Strategie für Deutschland und
digitale Infrastruktur. Referat Z 32, Berlin.

Czycholl, H. (2010): Ostafrikas gefährliche Blüten. Frankfurter Allgemeine 13.02.2010. https://www.faz.net/aktuell/wirtschaft/rosen-aus-
kenia-ostafrikas-gefaehrliche-blueten-1939203.html; 22.01.2019].

Daniel W. et al. (2018): A good life for all within planetary boundaries.
Nature Sustainability, Vol. 88, 01.02.2018, 88–95.
[https://doi.org/10.1038/s41893-018-0021-4.; 20.01.2019].

Darby, J. N. (2017): Betrachtung über das Wort Gottes. Offenbarung (Synopsis). [www.bibelkommentare.de/get/cmt.177.pdf; 20.01.2019].

EEA – European Environment Agency (2018): European waters, Assessment of status and pressures 2018, EEA Report No 7/2018, Luxembourg.

Europäische Umweltagentur EUA (2016): Späte Lehren aus frühen Warnungen: Wissenschaft, Vorsorge, Innovation. EUA-Bericht Nr. 1/2013, Kopenhagen.

Focus Online (2009): Klimawandel, Weltkarte des Waldes. Unter Bezug auf Weltnaturschutzunion IUCN, 28.11.2009. [https://www.focus.de/wissen/klima/tid-16396/klimawandel-weltkarte-des-waldes_aid_458072.html; 20.01.2019].

Focus Online (o. J.): Die fünf stärksten Erdbeben seit 1900. [https://www.focus.de/wissen/natur/geowissenschaft/tid-22228/naturkatastrophe-in-sumatra-alle-fakten-ueber-erd-und-seebeben-das-fuenf-staerksten-erdbeben-seit-1900_aid_625426.html; 22.01.2019].

Franzen, J. (2020): Wann hören wir auf, uns etwas vorzumachen? Aus dem Englischen von Bettina Abarbanell. Rowohlt: Hamburg.

Geschwentner, D.; Pölzl, C. (2011): Ausbau der Stromübertragungsnetze aus Sicht des Strahlenschutzes, in: UMID. Umwelt und Mensch – Informationsdienst, Bundesamt für Strahlenschutz (BfS), Bundesinstitut für Risikobewertung (BfR), Robert Koch-Institut (RKI), Umweltbundesamt (UBA), editors. Nr. 3/2011, S. 5–12.

Giegold, S. (2018): Erster europäischer Haar-Test zeigt: Hormonverändernde Pestizide im Körper jeder zweiten Person. [https://sven-giegold.de/erster-europaeischer-haar-test-jede-zweite-person/; 20.01.2019].

Global Footprint Network (2018): Country Overshoot Days. [https://www.footprintnetwork.org/; 20.01.2019].

Google (2018): Aufbruch künstliche Intelligenz. Anzeigensonderveröffentlichung von Google, Süddeutsche Zeitung.

Gukelberger-Felix, G. (2014): Guter Fisch, schlechter Fisch. Spiegel Online, 04.03.2014. [http://www.spiegel.de/gesundheit/diagnose/fischkann-mit-umweltgiften-in-hoher-konzentration-belastet-sein-a-954665.html; 20.01.2019].

Gye, M. C; PARK, C. J. (2012): Effect of electromagnetic field exposure on the reproductive system, in: Clin Exp Reprod Med 39 (1), S. 1–9. [http://synapse.koreamed.org/DOIx.php?id=10.5653/cerm.2012.39.1.1; 22.01.2019].

Hallmann, C. A. et al. (2017): More than 75 percent decline over 27 years in total flying insect biomass in protected areas. PLoS ONE 12(10): e0185809. [https://doi.org/10.1371/journal.pone.0185809; 20.01.2019].

Hardell, L.; Carlberg, M.; Hedendahl, L. (2018): Comments on NTP Technical Report on the Toxicology and Carcinogenesis Studies. [https://www.emfdata.org/download.php?field= filename_en&id=216&class=CUSTOM_Docu; 20.01.2019].

Hecht, K. (2018): Die Wirkung der 10-Hz-Pulsation der elektromagnetischen Strahlungen von WLAN auf den Menschen. Brennpunkt, diagnose:funk. [https://www.diagnose-funk.org/publikationen/artikel/detail&newsid=1277; 20.01.2019].

Hecking, C. (2019): Wer trägt die Schuld am tödlichen Dammbruch? Spiegel Online, 29.01.2019. [http://www.spiegel.de/wirtschaft/soziales/dammbruch-in-brasilien-tuev-sued-unter-druck-a-1250467.html; 04.02.2019]

Hensinger, P. (2018): Die Ideologie der Digitalisierung, in: umwelt medizin gesellschaft, H. 2/2018, S. 31–36.

Holland, M.; Kannenberg, A. (2018): Studie zum Bitcoin: Energieverbrauch der Miner steigt auf immense Höhen. heise online, 18.05.2018. [https://www.heise.de/newsticker/meldung/Studie-zum-Bitcoin-Energieverbrauch-der-Miner-steigt-auf-immense-Hoehen-4051488.html; 20.01.2019].

Holtz, T. (2008): Die Offenbarung des Johannes. Niebuhr, K.-W. (Hrsg.), Göttingen.

IPCC – Intergovernmental Panel on Climate Change (2016): Klimaänderung 2013, Naturwissenschaftliche Grundlagen, Zusammenfassungen für politische Entscheidungsträger. Beiträge der drei Arbeitsgruppen zum Fünften Sachstandsbericht des Zwischenstaatlichen Ausschusses für Klimaänderungen (IPCC). Deutsche Übersetzungen durch Deutsche IPCC-Koordinierungsstelle, Österreichisches Umweltbundesamt, Bonn/Wien/Bern.

Jacobs, P. (2017): Der Kampf ums Wasser. RP Online, 18.04.2017. [https://rp-online.de/politik/der-kampf-ums-wasser_aid-21021079; 20.01.2019].

Keller, A. (o.J.): Der Bestseller aller Zeiten – eine Information vom Urheber? In: Naturwissenschaft und Sinnfrage, Hemer, S. 36–47.

Kerbusk, S. (2018): Digitales Himmelreich. Die Zeit Nr. 48, 22.11.2018, S. 21. [https://www.zeit.de/2018/48/digitalisierung-deutschland-mobiles-internet-mobilfunktechnik-telekomkonzern; 20.01.2019].

KIT – Karlsruher Institut für Technologie, Süddeutsches Klimabüro (2012): Klima und Extremereignisse. [https://www.sueddeutsches-klimabuero.de/extremereignisse.php; 22.01.2019].

Kühling, W. (2012): Mehrfachbelastungen durch verschiedenartige Umwelteinwirkungen, in: Bolte, G. et al. (Hrsg.): Umweltgerechtigkeit: Chancengleichheit bei Umwelt und Gesundheit: Konzepte, Datenlage und Handlungsperspektiven. Bern, 135–150.

Kühling, W.; Germann, P. (2016): Gesundheitliche Effekte durch hoch- und niederfrequente Felder Teil 1: Hochfrequente Felder (Mobilfunk), in: internistische praxis 56/3, 593–603, Kulmbach.

Kühling, W.; Germann, P. (2017): Gesundheitliche Effekte durch hoch- und niederfrequente Felder Teil 2: Niederfrequente Felder (Haushaltsstrom), in: internistische praxis 57/3, Kulmbach.

Kunz, M.; Mohr, S.; Werner, P. (2017): Niederschlag, in: Klimawandel in Deutschland, Guy P. Brasseur, G. P.; Jacob, D.; Schuck-Zöller, S. (Hrsg.), Berlin Heidelberg, S. 57–66. [https://link.springer.com/content/pdf/10.1007%2F978-3-662-50397-3_7.pdf; 20.01.2019].

Küpfer, A. (2017): Die letzten Dinge. Schlichte Betrachtungen über die Offenbarung. [www.bibelkommentare.de/get/cmt.300.pdf; 20.01.2019].

Lewis C.S. (2019): Pardon, ich bin Christ. Meine Argumente für den Glauben. 25. Taschenbuch-Aufl. 2019. Basel.

Lin, J. C. (2018): Clear Evidence of Cell-Phone RF Radiation Cancer Risk, in: IEEE microwave magazine Sept./Okt. 2018, 16.

Löhde, D. (o. J.): Verständnis und Auslegung der Offenbarung des Johannes. [www.biblisch-lutherisch.de; 20.01.2019].

Lohse, E. (1993): Die Offenbarung des Johannes. Göttingen.

Lüning, S. (2018): Wildtier-Bestände seit 1970 um mehr als die Hälfte zurückgegangen. Tagesschau, 30.10.2018. [https://www.tagesschau.de/ausland/artensterben-wildtiere-101.html; 20.01.2019].

Martin, G. M. (1984): Weltuntergang, Gefahr und Sinn apokalyptischer Visionen. Stuttgart.

Meadows, D.; Meadows, D.; Zahn, E.; Milling, P. (1972): Die Grenzen des Wachstums. Bericht des Club of Rome zur Lage der Menschheit. Stuttgart.

Merks, J. (2019): Digital First. Planet Second. Folgen unter ferner liefen, in: Smart City- und 5G-Hype. Hensinger, P.; Merks, J; Meixner, W. (Hrsg.), Bergkamen.

Mihm, A. (2018): 7 Millionen Tote pro Jahr durch Luftverschmutzung. Frankfurter Allgemeine, 05.12.2018. [https://www.faz.net/aktuell/wirtschaft/who-7-millionen-tote-im-jahr-wegen-luftverschmutzung-15926316.html; 22.01.2019].

Müller, A. (2016): 666 – Programm bestätigt Kaiser Trajan als »Tier« der biblischen Offenbarung. [https://www.grenzwissenschaft-aktuell.de/666-trajan20160412/; 20.01.2019].

Munich Re – Münchener Rückversicherungs-Gesellschaft (2018): Naturkatastrophen 2017. Analysen, Bewertungen, Positionen. München. [https://www.munichre.com/site/touch-publications/get/documents_E-1651934583/mr/assetpool.shared/Documents/5_Touch/_Publications/TOPICS_GEO_2017-de.pdf; 22.01.2019].

Naturgefahrenreport 2017 des Gesamtverbands der Deutschen Versicherungswirtschaft e.V. [https://www.gdv.de/de/themen/news/schaeden-durch-starkregen-verzehnfacht-11646; 20.01.2019].

Neidhart, C. (2014): Die Fischer von Fukushima bleiben arbeitslos. Tages-Anzeiger Zürich, 09.12.2014. [https://www.tagesanzeiger.ch/

wissen/natur/Die-Fischer-von-Fukushima-bleiben-arbeitslos-
/story/14614231; 20.01.2019].

Nestler, R. (2014): Giftige Stoffe belasten Europas Flüsse. Zeit Online,
17.06.2014. [https://www.zeit.de/wissen/2014-06/gefaehrlicher-
cocktail-287354; 20.01.2019].

NOAA – National Oceanic and Atmospheric Administration (2016):
Fukushima Radiation in U.S. West Coast Tuna,
[https://swfsc.noaa.gov/textblock.aspx?Division=FRD&id=20593;
20.01.2019].

n-tv Nachrichtenfernsehen GmbH (2013): Katar bestellt deutsche Panzer,
18.04.2013. [https://www.n-tv.de/wirtschaft/Katar-bestellt-deutsche-
Panzer-article10492916.html; 22.01.2019].

oekom e.V. – Verein für ökologische Kommunikation (Hrsg.) (2016): Religion & Spiritualität, Ressourcen für die große Transformation? Politische Ökologie 147, München.

Ohm, L. (2017): Diese Religion haben die Menschen heute – und diese
2060! GEP – Gemeinschaftswerk der Evangelischen Publizistik
gGmbH, Frankfurt am Main. [https://www.evangelisch.de/
inhalte/144299/16-06-2017/diese-religion-haben-die-menschen-heute-
und-diese-2060; 22.01.2019].

Open Doors Deutschland (2019): Weltverfolgungsindex 2019, Kelkheim
[https://www.opendoors.de/christenverfolgung/
weltverfolgungsindex#karte; 05.02.2019].

Paeger, J. (2014): Das Anthropozän. [http://www.oekosystem-
erde.de/html/globale-aenderungen.html; 20.01.2019].

Pew Research Center (2017): The Changing Global Religious Landscape,
Washington, USA. [http://www.pewforum.org/2017/04/05/the-
changing-global-religious-landscape/; 20.01.2019].

Recber, S. (2019): Kurz vor Kollaps, taz 11.02.2019.
[http://www.taz.de/!5569147/; 12.02.2019]

Richter, K. et al. (2017): Gegen Irrwege der Mobilfunkpolitik – für Fort-
schritte im Strahlenschutz. Kritische Bilanz nach einem Vierteljahr-
hundert des Mobilfunks, in: Wirkungen des Mobil- und

Kommunikationsfunks 10. Kompetenzinitiative zum Schutz von Mensch, Umwelt und Demokratie e.V. (Hrsg.), St. Ingbert.

Rühle, A. (2020): Die edlen Milden. Süddeutsche Zeitung v. 04.02.2020. [https://www.sueddeutsche.de/kultur/literatur-klimakatastrophe-jonathan-franzen-klimawandel-1.4782586; 19.02.2020].

Schakirow, A. (2016): Kasachstan schenkt dem Aralsee ein neues Leben, in: News der Woche, 20.01.2016. [http://newsderwoche.de/welt/asien/524-kasachstan-schenkt-dem-aralsee-ein-neues-leben.html; 20.01.2019].

Schimmel, T. (o. J.): Die moderne Physik – Hinweis auf einen Urheber? In: Naturwissenschaft und Sinnfrage. Internationale Vereinigung christlicher Geschäftsleute und Führungskräfte (Hrsg.), Hemer.

Schnabel, U. (2020): Was, wenn es so kommt? Die Zeit Nr. 6/2020 v. 30.01.2020. [https://www.zeit.de/2020/06/klimawandel-kollaps-umweltschutz-klimapolitik; 19.02.2020].

Schreyer, P. (2016): Der Irakkrieg, das Öl und die Glaubwürdigkeit des Westens. [https://www.nachdenkseiten.de/?p=34279#foot_1; 22.01.2019].

Schulz, C. (2018): Plastikmüll Zahlen, Fakten & Studien 2017/2018. [https://www.careelite.de/plastik-muell-fakten/; 04.02.2019]

Schwarte, G. (2017): Unicef warnt vor Wasserkrise. Bis 2040 wird jedes vierte Kind betroffen sein. Deutschlandfunk, 22.03.2017. [https://www.deutschlandfunk.de/unicef-warnt-vor-wasserkrise-bis-2040-wird-jedes-vierte.1773.de.html?dram:article_id=381894; 20.01.2019].

Sebastian, M. (2014): Deutsches Dumping-Schlachten, in: Fleischatlas 2014 – Daten und Fakten über Tiere als Nahrungsmittel. Hrsg.: Heinrich-Böll-Stiftung, Bund für Umwelt- und Naturschutz und Le Monde diplomatique, Berlin. [https://www.bund.net/service/publikationen/detail/publication/fleischatlas-2014/; 20.01.2019].

Simmank, J (2018): Der letzte Tabubruch der Gentechnik? Zeit Online, 26.11.2018. [https://www.zeit.de/wissen/2018-11/crispr-china-geburt-zwillinge-erbanlage-genveraenderung-hiv-resistenz?wt_zmc =sm.ext.zonaudev.whatsapp.ref.zeitde.share.link.x; 20.01.2019].

Simmank, J.; Stockrahm, S. (2018): Das Plastik in uns. Zeit Online, 23. Oktober 2018. [https://www.zeit.de/wissen/umwelt/2018-10/ mikroplastik-kunststoff-meer-gesundheit-ernaehrung-tiere-gefahren; 04.02.2019]

Söding, T. (2007): Apokalyptik – jüdisch und christlich, Vorlesung SS 2007, Katholisch-Theologisches Seminar Bergische Universität Wuppertal.

Spix, C. et al. (2008): Case-control study on childhood cancer in the vicinity of nuclear power plants in Germany 1980-2003, in: Eur. J. Cancer 44 (2008), S. 275–284.

Steffen, W. et al. (2004): Global Change and the Earth System. Executive Summary. Stockholm: IGBP Secretariat 2004. [http://www.igbp.net/ download/18.1b8ae20512db692f2a680007761/1376383137895/IGBP_ ExecSummary_eng.pdf; 08.02.2019]

Steffen, W. et al. (2015): Planetary boundaries: Guiding human development on a changing planet, in: Science Vol. 347, DOI: 10.1126/science.1259855. [https://www.bmu.de/themen/nachhaltigkeit-internationales/nachhaltige-entwicklung/integriertes-umweltprogramm-2030/planetare-belastbarkeitsgrenzen/; 20.01.2019].

The Nature Conservancy (2016): Urban water blueprint. Mapping conservation solutions to the global water challenge. [http://water. nature.org/waterblueprint/#/section=overview&c=3:6.40265:-37.17773; 20.01.2019].

Thiede, W. (2012): Mythos Mobilfunk. Kritik der strahlenden Vernunft, München.

Thiede, W. (2018): Die digitale Fortschrittsfalle. Warum der Gigabit-Gesellschaft mit 5G-Mobilfunk freiheitliche und gesundheitliche Rückschritte drohen. Bergkamen.

Toggweiler, P. (2018): Norilsk – no fun. Das ist Russlands härteste Stadt. [https://www.watson.ch/wissen/international/421998833-norilsk-no-fun-das-ist-russlands-haerteste-stadt; 22.01.2019].

Transformationskongress (2012): Die Materialien zum Programm. [http://www.transformationskongress.de/startseite/; 20.01.2019].

Ulrich, G., Landesbischof, Kieler Nachrichten vom 31.10.2018, S. 5.

Umweltbundesamt (2017): Gewässer in Deutschland: Zustand und Bewertung. Dessau-Roßlau. [https://www.umweltbundesamt.de/publikationen; 20.01.2019].

Umweltbundesamt (Hrsg.) (2004): Späte Lehren aus frühen Warnungen: Das Vorsorgeprinzip 1896–2000, Berlin.

USDA – United States Department of Agriculture (2003): Global Desertification Vulnerability Map. [https://www.nrcs.usda.gov/wps/portal/nrcs/detail/national/nedc/training/soil/?cid=nrcs142p2_054003; 20.01.2019].

v. Weizsäcker, E. U. (2018): Wir sind dran! Der Club of Rome meldet sich zurück, in: evangelische aspekte, 28. Jg. H. 1, Februar 2018. [https://www.evangelische-aspekte.de/wir-sind-dran/; 20.01.2019].

v. Weizsäcker, E. U. et al. (2017): Wir sind dran. Club of Rome: Der große Bericht. Gütersloh

Vester, F. (1994): Ballungsgebiete in der Krise – Vom Verstehen und Planen menschlicher Lebensräume, 5. Aufl., München.

Vester, F. (1999): Die Kunst vernetzt zu denken, Stuttgart.

Warnke, U. (2007): Bienen, Vögel und Menschen. Die Zerstörung der Natur durch Elektrosmog. [http://kompetenzinitiative.net/KIT/KIT/broschuerenreihe/; 20.01.2019].

Warnke, U.; Hensinger, P. (2013): Steigende »Burn-out«-Inzidenz durch technisch erzeugte magnetische und elektromagnetische Felder des Mobil- und Kommunikationsfunks, in: umwelt·medizin·gesellschaft 26, 31–38

WBGU – Wissenschaftlicher Beirat der Bundesregierung Globale Umweltveränderungen (1996): Welt im Wandel – Herausforderung für die deutsche Wissenschaft, Jahresgutachten. Bremerhaven. [https://www.wbgu.de/fileadmin/user_upload/wbgu/publikationen/hauptgutachten/hg1996/pdf/wbgu_jg1996.pdf; 19.02.2020].

WBGU – Wissenschaftlicher Beirat der Bundesregierung Globale Umweltveränderungen (2011): Welt im Wandel – Gesellschaftsvertrag für eine Große Transformation, Berlin. [https://www.wbgu.de/hauptgutachten/hg-2011-transformation/; 01.02.2019]

Weber, O. (1977): Grundlagen der Dogmatik, 1. Band, Neukirchen-Vluyn.

Weidemann, A. (2018): Könnte man das Internet in die Luft jagen? In: Frankfurter Allgemeine, 12.12.2018, S. 15. [https://www.faz.net/aktuell/feuilleton/medien/jaron-lanier-koennte-man-das-internet-in-die-luft-jagen-15936605.html; 20.01.2019].

Weinhardt, J.; Pemsel-Maier, S. (2015): Offenbarung. [https://www.bibelwissenschaft.de/stichwort/100066/die; 20.01.2019].

Welt (2010): So grausam schlachten die Japaner Delfine ab, 02.09.2010. [https://www.welt.de/wissenschaft/umwelt/article9345252/So-grausam-schlachten-die-Japaner-Delfine-ab.html; 20.01.2019].

Welzer, H. (2019): Alles könnte anders sein: Eine Gesellschaftsutopie für freie Menschen, Frankfurt.

Wetz, C. (2017): Eschatologie (NT). [https://www.bibelwissenschaft.de/stichwort/47910/; 13.07.2019]

Wikimedia Commons contributors (2018): File:Smog in Beijing CBD.JPG, Wikimedia Commons, 17 July 2018, 12:00 UTC. [https://commons.wikimedia.org/w/index.php?title=File:Smog_in_Beijing_CBD.JPG&oldid=311537009; 17.02.2019].

Wikipedia, Die freie Enzyklopädie (2018 a): Smog-Katastrophe in London 1952. [https://de.wikipedia.org/wiki/Smog-Katastrophe_in_London_1952; 20.01.2019].

Wikipedia, Die freie Enzyklopädie (2018 b): Palmöl. [https://de.wikipedia.org/w/index.php?title=Palm%C3%B6l&oldid=183419424; 22.01.2019].

Wikipedia, Die freie Enzyklopädie (2018 c): Chemical Abstracts Service. [https://de.wikipedia.org/w/index.php?title=Chemical_Abstracts_Service&oldid=182703747; 22.01.2019].

Wikipedia, Die freie Enzyklopädie (2018 d): Bilderberg-Konferenz. https://de.wikipedia.org/w/index.php?title=Bilderberg-Konferenz&oldid=183226959; 22.01.2019].

Wikipedia, Die freie Enzyklopädie (2019 a): Desertifikation. [https://de.wikipedia.org/w/index.php?title=Desertifikation&oldid=184599683; 22.01.2019].

Wikipedia, Die freie Enzyklopädie (2019 b): Krieg. [https://de.
wikipedia.org/w/index.php?title=Krieg&oldid=184901582;
22.01.2019].

Wikipedia, Die freie Enzyklopädie (2019 c): Initiative Neue Soziale
Marktwirtschaft. [https://de.wikipedia.org/w/index.php?title=
Initiative_Neue_Soziale_Marktwirtschaft&oldid=184197564;
22.01.2019].

World Scientists' Warning to Humanity: A Second Notice (2017), in: Bio-
Science 2017, 67(12), 1026–1028, doi:10.1093/biosci/bix125.

WWF (2012): Kampf gegen globale Wasserkrise, 11. März 2012.
[https://www.wwf.de/2012/maerz/kampf-gegen-globale-wasserkrise/;
20.01.2019].

Yang, X. (2019): Wir sehen dich! Die Zeit Nr. 3, 10.01.2019, S. 13-15.
[https://www.zeit.de/2019/03/index#Dossier; 09.02.2019]

ZDF (2016): Chip direkt unter der Haut statt Bargeld – Schweden machen
es vor, in: heute journal, 23.03.2016. [https://www.
youtube.com/watch?v=W1s0Xj9tRZg; 20.01.2019].

ZDF (2018): Frisst der Kapitalismus die Demokratie? 16.12.2018.
[https://www.zdf.de/gesellschaft/precht/precht-194.html; 22.01.2019].

Zeit Online (2015): Billigfleisch für Afrika, 20.01.2015.
[https://www.zeit.de/wirtschaft/2015-01/exporte-gefluegel-afrika;
22.01.2019].

Zink, J. (1999): Atem der Welt. Indianische Schöpfungslieder und Segens-
worte. Eschbacher Geschenkhefte, Eschbach. [http://meditationsweg-
wickede.de/2016/10/17/startseite/; 20.01.2019].

Zuboff, S. (2018): Das Zeitalter des Überwachungskapitalismus. Frankfurt
a.M.